La 2e éd. est intitulée : "Pensées et Opinions de Louis-Philippe sur les affaires de l'État."

CODE DES ROIS

CODE DES ROIS

PENSÉES ET OPINIONS

D'UN PRINCE SOUVERAIN

SUR

LES AFFAIRES DE L'ÉTAT

PUBLIÉES PAR M.

EUGÈNE PAIGNON

> Il faut que la vérité arrive aux rois, mais il faut aussi qu'elle arrive aux nations.
>
> LOUIS-PHILIPPE.

PARIS

LIBRAIRIE DE JURISPRUDENCE DE COTILLON

16, RUE DES GRÈS

1848

PRÉFACE

Depuis la mémorable révolution de 1830, l'auteur, ou plutôt l'éditeur de ce livre, a suivi avec une vive attention les évènements qui se sont passés en France, et il y a une chose qu'il a toujours aimé à lire, ce sont les paroles solennelles adressées par Louis-Philippe, soit aux dignitaires des Puissances étrangères et de l'État, soit aux représentants des Corps politiques et des Cités, soit aux

*

organes des Sciences et des Arts, du Commerce et de l'Industrie. Il a été frappé de la facilité d'élocution du Roi, de cette merveilleuse improvisation de tous les jours, de toutes les heures, ensuite des pensées heureuses et profondes, des vues élevées et libérales que Louis-Philippe émet avec une précision rare, une éloquence qui coule comme de source et reflète une grande âme.

C'est là une vérité que l'on ne doit pas craindre de proclamer bien haut, dût-on encourir le reproche obligé de flatterie, car, « s'il faut que la vérité arrive aux rois, il faut aussi qu'elle arrive aux nations qui ont leurs flatteurs comme jadis les rois[1]. » Et aujourd'hui surtout que les partis prennent à tâche d'altérer, de mutiler la vérité, ou tout au moins « de la comprimer par l'insulte et de l'obscurcir par la calomnie, » c'est un devoir, pour tout homme d'intelligence et de cœur, de faire ses efforts pour en maintenir la pureté ou lui restituer son éclat. La vérité est un héritage que la postérité a le droit d'attendre de la main des siècles.

Un jour, en ouvrant une histoire de ces dernières années, nous tombâmes sur ces mots attribués à Louis-Philippe : « Un roi constitutionnel ne

[1] Voir cette belle pensée de Louis-Philippe, pages 244 et 245 de ce volume.

peut malheureusement pas aller s'expliquer à la tribune. Je ne puis faire connaître personnellement mes opinions que quand je voyage, et je ne laisse jamais passer ces occasions sans en profiter. » Ceci nous inspira l'idée d'ouvrir constitutionnellement au Roi, cette tribune dont il regrettait l'absence, avec cette différence, cependant, que celle que nous lui élèverions aurait l'immense avantage de fixer d'une manière durable les paroles qui en descendraient, au lieu de les abandonner au retentissement de lointains et souvent infidèles échos.

C'est alors que nous nous sommes occupé de réunir les passages remarquables des discours de Louis-Philippe, afin d'en faire un recueil qui les mettrait en relief et les présenterait dans un harmonieux ensemble. Monument précieux de sagesse politique, œuvre grave et digne de méditation, qui feront vivre dans l'avenir l'humble ouvrier qui y travailla, et, associant son nom obscur à un nom éclatant et impérissable, lui assureront une modeste part d'honneur, sinon de gloire !

Les devoirs et les droits sacrés de la Royauté, les devoirs et les droits non moins sacrés des Nations sont tracés là en caractères pleins de dignité et d'énergie, dans un style naturel, sobre, mâle, qui rappelle la manière des grands maitres du dix-septième siècle. Les règles politiques qui doivent présider à tous les intérêts de la Société et de l'État, à la Religion, à la Justice, à l'Éducation, aux Sciences, aux Arts, au Commerce, à l'Administration, à la Paix, à la Guerre, y sont exposées avec une netteté, une vigueur dignes de l'immortel publiciste, dont le puissant génie burina, pour les âges futurs, les lois imprescriptibles du genre humain. C'est la concision du législateur qui promulgue ses oracles. Aussi, a-t-on pu donner à ce livre ce titre, ambitieux sans doute s'il s'agissait de choses tirées de notre propre fonds, mais qui n'est ici que l'expression de l'exacte vérité : « CODE DES ROIS. »

Il n'y a donc rien de nous dans ce travail, rien, si ce n'est l'esquisse rapide de la vie de Louis-Philippe, et les quelques pages qui servent d'introduction à ses différentes divisions, et dont le but principal est de signaler les améliorations effectuées, dans les affaires de l'État, pendant ce règne, sans contredit l'un des plus glorieux et des plus féconds de notre histoire. Toutes les pensées, toutes les opinions que nous avons relevées sont textuellement extraites des discours du Roi, reproduits dans l'organe officiel, et l'on n'a fait que les dégager des circonstances particulières qui en dérobaient la noble et délicate beauté. Pour cela, l'éditeur n'a eu besoin que de négliger ce qui regardait telle ou telle individualité illustre ou obscure, en un mot, le côté accidentel et périssable, pour s'attacher au côté vrai dans tous les temps, dans tous les lieux, chez tous les peuples. C'est ainsi que, souvent, il suffit d'un regard intelligent pour découvrir un chef-d'œuvre, le sauver de l'oubli, et en faire un objet d'admiration.

Voulant ne pas perdre quelques belles inspirations, nous en avons fait des maximes, en les élevant de la particularité à la généralité. Par exemple, Louis-Philippe aura dit quelque part : « Je n'ai d'autre ambition que de voir mon pays libre, heureux et grand, » on lira dans ce livre : « Un souverain ne doit avoir d'autre ambition que de voir son pays libre, heureux et grand [1]. » Mais la nécessité de ces légères modifications s'est fait rarement sentir, car, le plus souvent, l'idée, toute générale et magnifique, s'est offerte parmi les détails ordinaires du discours au sein duquel elle resplendissait.

Il nous est arrivé, parfois, de reproduire avec intention les mêmes idées, parce qu'elles étaient

[1] Dans la pensée de l'éditeur, les mots *souverain*, *prince souverain*, *souveraineté*, qu'il emploie, doivent s'entendre dans le sens de la souveraineté limitée par la constitution, et non de la souveraineté absolue qui n'appartient qu'à Dieu.

rendues avec des nuances de style et d'expression qui leur donnaient une physionomie nouvelle, un charme nouveau, comme des sœurs ayant le même air sans avoir les mêmes traits. Il nous a paru inutile de surcharger nos citations de dates, lesquelles étaient d'autant plus superflues, que les paroles de Louis-Philippe, à quelque époque qu'on les interroge, témoignent d'une unité de vues, d'opinions telles, que l'on peut défier la critique politique, d'ordinaire si clairvoyante, d'y découvrir la plus petite contradiction. C'est toujours le même Prince aimant son pays, les libertés et la gloire, s'inquiétant de toutes les questions de bien-être, de civilisation, de progrès qui font battre le cœur des individus et des peuples, et les résolvant avec la hardiesse, la spontanéité d'un génie supérieur qui trouve de grandes pensées pour peindre de grandes choses.

Fut-il jamais une époque plus propice à un pareil dessein? Déjà, dans une récente publication[1], nous avons démontré que la Monarchie constitutionnelle était l'avenir et le salut des peuples, le résultat nécessaire du développement politique de l'Humanité; maintenant nous présentons, d'après une Intelli-

[1] *De la Sainteté des Gouvernements et de la Moralité des Révolutions.* — Un vol in-8°. — 1847.

gence toujours élevée, quelquefois sublime, les règles, les principes, les vérités qui doivent servir de base à la fondation de cette admirable forme de gouvernement. Et c'est au moment où une partie de l'Europe s'agite et réclame hautement des réformes que l'on ne peut plus lui refuser, et dont l'heure providentielle a sonné. Dans cette crise grave et solennelle, il importe que Nations et Souverains aient une étoile polaire, une lumière pour éclairer leur marche; nous la leur apportons en mettant sous leurs yeux ces généreuses maximes, ces nobles enseignements émanés d'un « de ces hommes à qui Dieu communiqua plus abondamment la sagesse et la puissance. » Qu'ils y apprennent à ne pas dépasser le but qu'ils veulent atteindre, à ne pas se jeter dans l'illusion des théories trompeuses, à ne pas abuser de leurs droits et de leurs forces. Quel malheur si, à défaut de modération, ces aspirations ardentes vers un ordre meilleur se changeaient en une licence aveugle et sans frein ! Quel malheur si, par une exagération fatale, cette révolution si belle et si pure, commencée sous l'invocation du Ciel, allait périr dans des flots de sang !

Dans un temps comme le nôtre, où une prévention injuste, hostile même, mais heureusement en minorité parmi les peuples libres, s'attache à la Royauté, il nous a semblé que ce serait un acte louable, propre surtout à flatter l'orgueil national, que de recueillir de précieuses richesses, et de rendre ainsi, d'une manière aussi neuve que vraie, un éclatant témoignage au grand Prince qui, au milieu des périls et de l'effervescence des passions, sut assurer, par ses hautes vertus, la paix du monde, et « conduire, selon ses poétiques expressions, le vaisseau de l'État, à travers toutes sortes d'écueils, dans le port où il repose aujourd'hui à l'abri des orages. »

PRÉLIMINAIRE HISTORIQUE

LOUIS-PHILIPPE.

Une révolution venait de s'accomplir en France. Terrible et prompte comme l'ouragan, elle avait emporté un trône qui semblait s'abriter derrière la majesté indestructible des âges. Il avait suffi à un grand peuple de quelques jours de légitime colère pour ébranler le monde. Pleine d'une douloureuse inquiétude, confiante pourtant dans sa civilisation, cette nation héroïque qui s'était soulevée et avait vaincu au nom des lois, cherchait à rétablir l'ordre profondément troublé par cette fièvre de rébellion qui s'était emparée des esprits. Mais il lui fallait un chef qui vînt prendre dans sa main toutes les forces en ébullition, et les dirigeât, après les avoir ramenées à l'unité, vers leur expansion régulière, vers leur développement pacifique. Tout-à-coup, une voix unanime s'élève, et comme entraînée par une puissance irrésistible, elle va arracher aux douceurs de la famille, un prince dont elle connaît la sagesse, les talents et les vertus, et aux acclamations de tous, elle le salue du titre de ROI.

Aussitôt, la France, d'abord émue d'une révolution, reprend son calme, continue graduellement sa mission, s'avance, dans la plénitude de sa liberté, vers l'accomplissement de ses destinées. Après l'irruption soudaine de cette tempête, frémissante d'éclairs et de foudres, voilà que la confiance renaît, les passions débordées rentrent dans leur lit, et la révolution se retire, car son œuvre est finie, et les institutions améliorées étendent paisiblement leurs racines sur le sol de la société, naguère mouvant, maintenant raffermi.

Qu'un pareil évènement prenne vite sa place dans l'histoire, qu'il y reste pour l'instruction de tous les peuples, car il a besoin, pour être cru, d'être consacré par un témoignage irrécusable. D'ordinaire, en effet, les révolutions laissent de longues traces après elles. Quand elles font tant que d'éclater au sein d'un pays, elles exercent longtemps sur lui leurs funestes ravages ; elles sont grosses des plus grands malheurs qu'elles enfantent au milieu des horreurs de la guerre civile et de l'anarchie. Des flots de sang coulent, la propriété est détruite, les liens de la famille sont déchirés, tous les rapports sociaux sont atteints. On dirait que le peuple, aux prises avec la révolution, creuse son tombeau de ses propres mains.

Pourquoi cela ? C'est que la société n'a pas encore trouvé celui qui doit marcher à sa tête, celui qui doit la contenir et la régler. Ce chef qu'il lui faut, dont elle a besoin, n'a pas encore paru au nouvel horizon qu'elle vient de s'ouvrir, et alors, elle lutte, elle se débat, car sa personnification, son représentant, son grand homme enfin, celui qui doit s'identifier avec elle, lui donner l'impulsion qu'il recevra lui-même de son époque, elle ne l'a pas.

Or, qu'est-ce qui empêcha la dernière révolution de traverser, de subir les horreurs propres aux révolutions ? C'est qu'elle trouva tout de suite son chef, son grand homme, son incarnation vivante, qui résuma les idées, les intérêts, les besoins de sa nation et de son temps, et qui, « du haut de l'esprit commun à tous, commanda sans conteste à tous. » C'est que — la Providence le veut ainsi pour les peuples dont elle se sert — il se rencontra là, sur les marches du trône, un prince qui avait reçu le génie de la sagesse ; un prince, doué d'une âme active et ferme, à laquelle aucune épreuve n'avait manqué, et dont la glorieuse jeunesse, comme préparation à ses destinées futures, s'était mûrie dans les camps, dans l'exil, dans les révolutions, un de ces grands caractères qui, seuls, valent une constitution, et savent puiser en eux, quand l'heure est venue, toutes les sortes de courages.

Heureuses les nations assez riches, assez aimées du ciel pour trouver dans leur sein le chef qui doit les diriger dans la carrière qu'elles sont appelées à parcourir, et qui, pur écho de la voix de son temps, devient ainsi le représentant de la puissance générale, de cette unité, fille de l'ordre, principe de force pour un peuple ! Devant lui, les passions subversives se taisent, l'évidence de sa mission les frappe et les anéantit ; car elles sentent bien qu'elles ne pourraient pas lutter contre sa force irrésistible, et qu'il a l'énergie nécessaire pour mener à bien son entreprise. S'il ne l'avait pas, une nation, cette chose si admirable, si grande, qui se compose d'une agrégation si variée, si riche de lumières, de talents, de génie; qui, prise dans son ensemble, ne peut pas se tromper, parce qu'elle ne fait que remplir le rôle qui, dans les conseils éternels, lui a été assigné pour le développement général de l'humanité, une nation ne se donnerait pas à lui.

Issu d'un sang royal, souvent prodigué pour l'honneur et la gloire de la France, Louis-Philippe fut élevé par une femme célèbre[1], d'après les principes d'éducation de Jean-Jacques Rousseau. Ainsi, comme Emile, « il fut exercé dès l'enfance aux atteintes qu'il aurait à supporter un jour. Son corps fut endurci aux intempéries des saisons, des climats, des éléments; à la faim, à la soif, à la fatigue; il fut trempé dans l'eau du Styx. Avant de lui apprendre à être prince, on lui apprit à être homme. Sa sage institutrice lui enseigna l'exercice de ces vertus sociales qui portent au fond du cœur l'amour de l'humanité; elle l'occupa à toutes les bonnes actions qui étaient à sa portée; elle l'éleva à la moralité par la vertu. » Voilà pour l'âme.

Le programme pour l'intelligence ne fut pas moins fécond : — La religion, les langues anciennes et vivantes, la littérature, les mathématiques, la législation,

[1] Mme DE GENLIS.

la physique, la géographie, le dessin, l'architecture, la chirurgie, la chimie, la botanique, l'histoire; en un mot, tout ce qu'il fallait pour former une tête encyclopédique.

Cette éducation si large et si belle, ne tomba point sur la pierre pour y sécher et périr, ni dans les buissons pour y être étouffée, elle tomba dans la bonne terre où elle fructifia. Aussi la jeunesse de Louis-Philippe est-elle remplie d'actions nobles, d'inspirations généreuses, de luttes hardies, qui honorent autant son âme que son intelligence. « C'est dans cette éducation qu'il faut chercher, dit un écrivain, le secret de cette force d'âme, de cette philosophie, à l'aide de laquelle Louis-Philippe à qui sa fortune et son rang semblaient promettre toutes les jouissances de la vie, soutint les plus cruelles épreuves de l'adversité [1]. » Tous les biens de la terre, en effet, sont humains et périssables, l'éducation seule est divine et immortelle.

Mais voici venir la grande révolution de 1789, la hâ-

[1] M. Amédée Boudin.—*Histoire de* Louis-Philippe Ier. — Ce livre remarquable est écrit avec un véritable talent et une grande impartialité. Il est à regretter qu'à cause de son prix élevé, il ne soit pas à la portée de toutes les fortunes, et ne puisse devenir populaire. Nous avons guillemeté les emprunts que nous y avons faits pour cette esquisse de la vie du Roi.

che de la réforme et celle du bourreau en main ; l'une pour couper des abus, l'autre pour abattre, presque sans distinction, des têtes criminelles ou innocentes. Louis-Philippe, encore adolescent, tressaille ; il écoute le frémissement de ces grands intérêts, si purs, si généreux d'abord, qui occupaient alors la France, et ce sublime spectacle élève promptement son âme à une précoce maturité. A cette époque, deux voies lui étaient ouvertes : ou de se mettre du côté de la cour contre le peuple ; ou bien du côté de la révolution pour le peuple. Louis-Philippe n'hésita pas, il choisit la révolution. Aussi, quand, à la magnifique solennité de la Fédération, le noble jeune homme parut au Champ-de-Mars, il fut salué par les acclamations d'une foule enthousiaste, folle de sa jeune liberté. Ce fut sa première récompense populaire, prélude de celle que la destinée lui réservait.

Depuis ce jour, Louis-Philippe reste livré à lui-même sur cette vaste scène du monde, et il donne à tous un spectacle digne d'admiration. « Il trouve dans son éducation virile et religieuse, une égide impénétrable contre les passions, et n'use de sa liberté, que pour partager son temps entre l'étude et l'accomplissement de ses devoirs comme fils et comme citoyen. » Admis en qualité de membre au club des Jacobins, dans cette brûlante fournaise où bouillonne le métal de la révolution et se coule le nouvel ordre social, il tient régulièrement un journal de ses pensées et de ses actions. Ces pages respirent l'abandon et la naïveté; il les a conservées, et il peut sans crainte, et à toute époque de sa vie, citoyen, prince ou roi, les jeter en pâture aux partis; qu'ils les mutilent, qu'ils les tordent, qu'ils les dénaturent, ils ne pourront en faire sortir que de généreux sentiments. Ils n'y trouveront qu'une disposition sublime de l'âme. Elles révèlent un enfant fier d'être déjà mêlé aux luttes ardentes de la vie publique, un enfant dont le cœur palpite aux mots magiques de patrie, de liberté, d'indépendance nationale; elles attestent qu'il était doué à un haut degré de ces facultés précieuses que l'étude ne donne pas, parce qu'elles partent d'un foyer où la nature seule peut allumer et entretenir la flamme.

A cette époque, Louis-Philippe se distingue par de nombreux traits d'humanité et de courage. Au péril de de sa vie, il sauve plusieurs personnes et reçoit une couronne civique à Vendôme. La guerre menace la France; il est un des premiers à courir au poste de l'honneur pour sauver l'indépendance de la patrie. Intrépide jusqu'à la témérité, convaincu, suivant son expression, « que les balles respectent les braves, » partout où il se trouve, il fait des prodiges de valeur : à Courtray, à Valmy, à Jemmapes. Glorieux souvenirs, preuves irrécusables qui serviront plus tard à établir que s'il redoute la guerre, c'est de sa part haute sagesse et non pas lâche peur[1] !

Mais le malheur va ajouter un nouveau lustre à sa gloire, et agissant sur cette noble nature comme le soleil sur les fleurs, il va en tirer de ces parfums qui embaument toute une vie et conservent à jamais un nom dans l'histoire. Quand il voit la liberté perdue ou ne jetant plus qu'un éclat sinistre, la guerre civile allumée de toutes parts, la France précipitée dans l'abîme par l'oubli de tous les principes ; quand il voit l'échafaud arrosé du plus noble sang, dévorant les rois, les orateurs, les généraux, les vieillards, les femmes, les enfants, alors le voile d'une patriotique illusion tombe de ses yeux, et il se résigne à accepter un exil volontaire pour se soustraire à un aussi triste spectacle, et à aller braver la mort sur un autre champ de bataille, celui de l'adversité. Mais la Providence veillait sur des jours si précieux, car elle avait sur lui d'autres desseins !

[1] Devenu roi, en 1831, en face des puissances étrangères, Louis-Philippe disait : « J'ai lieu d'espérer que la paix consolidera le développement du commerce, et je n'omets, pour l'obtenir, aucun effort compatible avec notre honneur et notre indépendance nationale ; car si jamais ils étaient attaqués ou compromis, je reprendrais les armes de ma jeunesse, et je combattrais encore pour ma patrie, comme j'ai eu le bonheur de le faire à Jemmapes et à Valmy. »

Louis-Philippe est accueilli avec la distinction due à son rang et à sa gloire, au quartier-général de l'armée autrichienne. Le prince de Saxe-Cobourg qui y commande et qui avait fait déroute devant le jeune général, tressaille de joie en le voyant venir à lui, et lui offre du service avec le même grade. Mais il avait cru trouver Coriolan, et il trouve Thémistocle. Louis-Philippe refuse noblement et sans hésitation de porter les armes contre la France, et bientôt le voilà, lui naguère chef victorieux, le voilà, à l'orient de ses années, proscrit et fugitif, chargé des colères de l'émigration, « confondu désormais parmi les ennemis de la liberté, en dépit de ses services, accusé de trahison, malgré la pureté de son patriotisme, et se réveillant, un jour, entre l'ingratitude de ses concitoyens et la haine de ses compagnons d'exil! N'était-ce pas rudement débuter à l'école du malheur? Aussi dut-il s'armer de philosophie pour résister à cette cruelle épreuve! » C'était un heureux pressentiment que celui qui portait Louis-Philippe à préférer une vie errante à un crime inexpiable, et qui lui faisait donner un sublime exemple d'abnégation à ces transfuges corrompus qui avaient l'impiété de déchirer de leurs épées le sein de leur patrie; car, s'il avait fait comme eux, il eût imprimé à son nom une tache ineffaçable, et jamais le diadème royal n'aurait paré son front.

Et comme Louis-Philippe s'informait un jour auprès d'un autre exilé des moyens qu'il devait employer pour échapper à la mort dont le menaçait son ingrate patrie, il lui fut répondu « qu'il n'avait d'autre parti à prendre que celui d'errer dans les montagnes; de ne séjourner nulle part; et de continuer cette triste manière de voyager jusqu'au moment où les circonstances se montreraient plus favorables. Si la fortune vous redevient propice, ajoutait-on, ce sera pour vous une odyssée dont les détails seront un jour recueillis avec avidité. » Heureuse prophétie que l'avenir réalisa! »

« Du fond de son exil, Dumouriez ne pouvait oublier le jeune aide-de-camp qu'il avait entraîné dans sa défection. L'intérêt qu'il n'avait cessé de témoigner au compagnon de sa gloire, devait naturellement se changer en sollicitude pour son compagnon d'infortune. Aussi s'inquiétait-il souvent de l'illustre proscrit, et l'accompagnait-il de ses vœux dans cette carrière de souffrances qu'il lui avait ouverte involontairement. « Embrassez pour moi notre bon jeune homme, écrivait-il à cette époque au général Montesquiou; ce que vous faites pour lui est digne de vous. Qu'il profite de sa disgrâce pour s'instruire et se fortifier. Ce vertige passera, et alors il trouvera sa place. Invitez-le à faire un journal circonstancié de son voyage : outre qu'il sera piquant de voir un journal d'un Bourbon qui roule sur une autre chose que sur la chasse, les femmes et la table, je suis bien aise que cet ouvrage, qu'il pourra donner un jour, lui serve de certificat de vie, soit quand il rentrera, soit pour le faire rentrer. Les princes doivent produire des odyssées plutôt que des pastorales »

Quoique dénué de ressources, il suit ce conseil; il voyage en effet accompagné d'un fidèle serviteur malade, auquel il céda son unique cheval, marchant à pied devant lui, un bâton à la main. « C'est alors qu'il dut apprécier les bienfaits de son éducation; c'est alors qu'il dut reconnaître combien est peu de chose le prestige du rang et du nom; car tout ce qu'il devait au hasard de la naissance, il l'avait perdu; » on lui en faisait même un crime, un titre de proscription, « et il ne lui restait plus que ce qu'il tenait de la nature et de son institutrice. La chute était profonde! »

« Deux choses, dit un publiciste qui a réuni sur sa tête la triple couronne de penseur, d'écrivain et d'homme d'État[1]; deux choses, grandes et difficiles, sont de devoir pour l'homme, et peuvent faire sa gloire : suppor-

[1] M. Guizot. — *Washington*.

ter le malheur et s'y résigner avec fermeté; croire au bien et s'y confier avec persévérance. »

« Il y a, ajoute-t-il, un spectacle aussi beau et non moins salutaire que celui d'un homme vertueux aux prises avec l'adversité; c'est le spectacle d'un homme vertueux à la tête d'une bonne cause et assurant son triomphe. »

Louis-Philippe fit ces deux grandes et difficiles choses, d'abord comme proscrit, ensuite comme roi.

Pauvre et persécuté, il parcourut en pélerin la Suisse et gravit ses montagnes pittoresques, vivant au jour le jour, couchant quelquefois sur la paille, changeant sans cesse de nom, traqué de refuge en refuge, n'osant se fixer nulle part, partageant avec les Français qu'il rencontrait le pain amer de l'exil. Cependant, pressé par le besoin, il cherche des moyens d'existence; il apprend qu'il y a une place de professeur vacante au collége de Reichenau, il s'y présente, la demande, subit une examen fort brillant, et sans se faire connaître, enseigne pendant quinze mois les mathématiques, la géographie, l'histoire. Touchant souvenir, que consacra l'admiration spontanée de Napoléon, lorsque l'entendant citer, il s'écria vivement : « Ce seul acte en fait un homme! » Pourquoi faut-il que Napoléon ait taché sa gloire par la suppression de la pension que la république avait accordée à la mère de Louis-Philippe, ajoutant ainsi aux rigueurs d'une proscription imméritée? Singulier rapprochement! C'est ce même Louis-Philippe qui est aujourd'hui l'exécuteur testamentaire de Napoléon; c'est lui qui ouvre à ses cendres les portes de la France et lui élève un tombeau dans le monument consacré par Louis XIV aux glorieux débris de nos armées! Terrible leçon! « L'homme s'agite, mais Dieu le mène. »

C'est à Reichenau, dans cette obscurité protectrice, au sein du calme que lui procuraient les modestes fonctions remplies par lui sous un nom emprunté, qu'il est douloureusement frappé par la nouvelle de la mort tragique de son père, immolé par cette révolution à laquelle pourtant il avait donné tant de gages. Ce coup, auquel il n'était pas préparé, le saisit d'une affliction profonde, sans ébranler son courage déjà si éprouvé. Il s'inclina, en chrétien, devant ce nouveau décret de la Providence, il porta un regard plein d'une tristesse sublime sur sa malheureuse patrie, il la plaignit, mais pieux jusqu'au bout, il ne la maudit pas.

Bientôt, cédant aux prières de sa mère bien-aimée, cette noble exilée qui fut aussi grande dans ses malheurs que dans ses prospérités, et dont le cœur était plein d'une tendresse infinie, il se décide à passer en Amérique, après avoir visité le nord de l'Europe. Arrivé à Philadelphie, il ne tarde pas à y être rejoint par ses frères, le duc de Montpensier et le comte de Beaujolais, dont la prison s'était enfin ouverte, en récompense du sacrifice qu'il avait fait en consentant à mettre les mers entre lui et sa patrie. Là, il foule une terre amie, est reçu avec distinction par l'immortel Washington, s'initie, par de fréquentes conversations avec ce grand homme, à l'art de gouverner une nation fière et libre, étudie les mœurs, les institutions du pays et s'y acquiert d'universelles sympathies.

« L'aménité de son caractère, son instruction variée, l'intérêt que réveillait dans tous les cœurs une existence si agitée, si curieuse déjà, entourèrent sa personne d'un charme irrésistible. Les lois d'un pays libre devaient nécessairement attirer l'attention d'un jeune homme qui avait concouru à la conquête des libertés de sa patrie. Cette étude, en l'amenant à une comparaison entre la constitution d'une république florissante et les constitutions imposées successivement à la France, au milieu des tempêtes politiques, lui offrait d'utiles enseignements pour l'avenir. Les hommes les plus éclairés, les plus ardents démocrates de l'Amérique, condamnaient unanimement, non le principe, mais les tendances de notre révolution, et considéraient l'établissement de la république comme impossible en France. Il les écoutait religieusement, et ces jugements que le temps a consacrés, ces opinions impartiales, texte inépuisable des entretiens de chaque jour, modifiaient singulièrement les idées de Louis-Philippe, en jetant dans son esprit le germe de profondes et salutaires réflexions. L'anarchie dans laquelle s'agitait la France, tiraillée au dedans et sans cesse menacée au dehors; cette succession de gouvernements, dont toute l'énergie s'épuisait en rigueurs inutiles; ce spectacle affligeant avait depuis longtemps refroidi l'enthousiasme du jeune prince. Ce n'était plus l'ardent Jacobin de 1790, mais un patriote éclairé et rêvant une sage liberté pour son pays. Il prévoyait que la république, fille de la révolution, serait étouffée par sa mère, et que la monarchie renaîtrait de ses cendres. Issu du sang des rois, chef d'une famille princière, objet des vœux de quelques partisans obscurs, Louis-Philippe ouvrait son âme à des rêves immenses et lointains; et ces espérances, venues en même temps que les ressentiments du passé, renouvelaient l'ardeur du jeune exilé pour l'étude, et servaient de guide éternel à sa conduite. »

Chose remarquable! C'est sur ce sol républicain que Louis-Philippe est amené à reconnaître l'illusion de ses jeunes rêves ! C'est là, qu'éclairé par l'expérience, il comprend avec l'illustre Washington, avec le célèbre Jefferson, que la république ne peut convenir à un pays comme la France. Les républiques, en effet, comme nous l'avons dit ailleurs[1], ne peuvent exister qu'à ces époques où il s'agit, pour les nations, de l'émancipation du sentiment patriotique, lorsqu'un peuple se saisit, pour la première fois, dans sa valeur, et vit comme dans la fleur de la jeunesse. Mais pour les États dans lesquels les monarchies ont eu une longue durée, le républicanisme est impossible, et son apparition ne peut être qu'un phénomène passager dans l'histoire, un météore sur l'horizon politique.

Cependant la duchesse d'Orléans est déportée en Espagne par ordre du Directoire. Louis-Philippe, cédant à l'inspiration de son cœur, au désir de voir sa mère, quitte les États-Unis pour revenir en Europe, et il s'arrête à Londres. Là, il se trouve naturellement en rapport avec les princes de la branche aînée, qui l'accueillent avec des caresses, affectant, par une indulgence hypocrite, de lui pardonner sa gloire. Le roi de Suède qui venait de signer un traité d'alliance avec l'Angleterre

[1] Dans notre ouvrage : *De la Sainteté des Gouvernements et de la Moralité des Révolutions*, pages 57 et suivantes.

pour le renversement de Napoléon, lui fait offrir un commandement dans son armée. Fidèle à son serment, il refuse encore de tirer l'épée contre la France. A quelque temps de là, sa sensibilité fut mise à une cruelle épreuve, il eut la douleur de perdre ses deux frères chéris, moissonnés avant l'âge, succombant aux atteintes d'une maladie dont ils avaient puisé le germe dans les cachots de Marseille et dans les rigueurs d'une longue captivité.

Après leur avoir pieusement rendu les derniers devoirs, et poussé par la fortune qui se lasse enfin de le persécuter, et qui lui montre un coin de ciel pur après l'orage, Louis-Philippe passe en Sicile. A la cour de Palerme, il voit la princesse Amélie et demande sa main. Ferdinand hésite à donner sa fille à un prince exilé et sans aucune espérance ni fortune ; mais Louis-Philippe sait, par son noble maintien, sans faire de lâches concessions, sans renier son passé, vaincre toutes les résistances ; et bientôt, sous l'auréole protectrice, sous la double bénédiction, bénédiction féconde ! de sa mère et de sa sœur, qu'un miracle lui a fait retrouver, il s'unit à celle dont, plus tard, il doit dire en voyant les balles régicides tomber humiliées et vaincues aux pieds de cette pieuse compagne de ses dangers et de sa gloire : « Voilà mon ange gardien, je ne crains rien tant qu'elle vivra, car ses vertus me protégent. » Oui, prince magnanime, vous aviez raison; Dieu envoie quelquefois ici-bas ses anges, glorieux mais éprouvés, pour couvrir de leurs ailes ceux qu'il destine à servir d'instruments à l'exécution de ses desseins sur le monde. Il fut prodigue envers vous, il vous en donna trois qui, en descendant sur la terre, prirent les noms humains les plus doux et s'appelèrent : LOUISE, AMÉLIE, ADÉLAÏDE; une mère, une épouse, une sœur[1] !

Sur ces entrefaites, et pendant que Louis-Philippe consacrait ainsi son bonheur intime, de grands évènements s'accomplissaient en France. Il les attendait patiemment et chrétiennement, se livrant, comme par le passé, à l'étude qui était sa plus chère distraction, sa passion la plus ardente. Que d'autres épuisent les plaisirs des cours, lui, il ramasse des trésors de science ! Un des hommes les plus savants de l'époque, lequel voyait souvent l'illustre exilé, disait de lui : « Son instruction m'étonne et me confond : sur quelques sujets que ce soit, sciences, histoire, économie politique, il me tient tête et me bat; mais ce que j'admire surtout en lui, c'est sa courageuse résignation dans le mal-

[1] « Dieu soit loué ! disait Louis-Philippe en retrouvant, après une longue séparation, la princesse Adélaïde, Dieu soit loué ! il me rend un de mes bons anges ! »

heur; c'est sa profonde connaissance des hommes. Il les voit tels qu'ils sont, et cependant il les juge sans amertume. Proscrit, il a constamment tourné des yeux de regret vers sa patrie, et toujours il a refusé de se joindre à ceux qui voulaient la reconquérir les armes à la main. »

C'est au milieu de ces nobles occupations que la nouvelle de la chute de Napoléon lui arrive et ne le surprend pas, car il a médité sur l'histoire. Écoutez-le, en effet, dans sa majestueuse simplicité : « Dans les grands souvenirs, dit-il, doivent se trouver les grandes leçons pour ceux qui savent étudier l'histoire ; ils en trouvent de tous les genres, et ils doivent y apprendre que la modération en toutes choses est la véritable source du bonheur et de la prospérité des nations[1]. » Aussitôt il part pour la France, et arrivé à Paris, sa première pensée est d'accourir, seul, sans escorte, pour revoir, après un si long exil, le Palais-Royal, demeure chérie de ses pères. « La porte est ouverte, il veut entrer ; mais le Suisse encore revêtu de la livrée impériale, refuse de le laisser monter. Tout-à-coup, vaincu par l'émotion et le regard voilé de larmes, l'étranger tombe à genoux et baise les marches du vestibule avec respect. » O vicissitudes de la

[1] LOUIS-PHILIPPE. — 1er janvier 1837.

fortune! Mystérieuses révolutions, combien sont insensés les hommes qui croient vous commander!

La première Restauration eut peu de durée; à son retour de l'île d'Elbe, Napoléon trouva Louis-Philippe chargé du commandement supérieur des départements du Nord. Ce prince, n'ayant aucun ordre, remit son commandement entre les mains du maréchal Mortier, par une lettre noble et digne. Cette lettre tomba entre les mains de Napoléon, qui dit en la lisant : « Celui-là a toujours eu l'âme française. » Louis-Philippe, en se séparant de ses officiers, dit au général Athalin, son aide-de-camp : « Allez prendre la cocarde nationale, je m'honore de l'avoir portée, et je voudrais pouvoir la porter encore. » Noble vœu qui ne devait pas tarder à être accompli!

Une seconde fois, le géant qui, par son génie, avait enchaîné l'Europe à sa gloire, tombe pour ne plus se relever. Louis-Philippe rentre en France, seul, et non pas à la suite des puissances étrangères. Il siége à la chambre des pairs, et ce n'est pas pour crier, comme tant d'autres : MALHEUR AUX VAINCUS! mais bien pour y faire entendre des paroles qui invoquent la clémence. On lui en fit un crime, et on lui ôta le droit de servir son pays par la parole comme il l'avait naguère servi par l'épée. Louis-

Philippe était déjà en butte à la haine de la branche aînée, qui s'épouvantait de sa légitime popularité.

Louis XVIII, avec sa sagacité admirable, prévoyait l'effet moral de cette popularité d'autant plus redoutable qu'elle s'appuyait sur des qualités réelles et sur la puissance des bienfaits, et ne se compromettait par aucun acte hostile au gouvernement. « Il ne se remue pas, disait-il, et cependant je m'aperçois qu'il chemine. Comment s'y prendre pour empêcher de marcher un homme qui a l'air de ne pas faire un pas? C'est un problème qui me reste à résoudre. » Plus tard, à l'heure solennelle de son agonie, le même roi, s'abandonnant, en présence de ses courtisans éplorés, à ses funestes pressentiments, bénissait le jeune prince que sa naissance appelait à monter sur le plus beau trône du monde, et qui vit aujourd'hui, obscur et oublié, dans un triste exil, et murmurait en étendant sur sa tête sa main mourante : « Que Charles X ménage bien la couronne de cet enfant! » Ainsi, l'auguste auteur de la Charte sentait déjà le diadème glisser du front de sa race!

« Entouré de la pléiade illustre des éloquents défenseurs de nos libertés, Foy, Girardin, Laffitte, Dupin, Casimir Périer, d'Argenson, Louis-Philippe ne déguisait point ses opinions; il signalait et déplorait les fautes du pouvoir, et par la profondeur de ses vues en politique, par l'étendue de ses connaissances, par ses doctrines libérales, par la noblesse de ses sentiments et de ses vertus privées, il faisait germer dans les cœurs, et à son insu, des espérances que l'avenir devait réaliser. »

Son palais était l'exemple des familles, comme il devait devenir plus tard la leçon des cours. Ses paroles, recueillies avec avidité, étaient pour le pays des enseignements qui devaient être plus tard un code pour les rois. Comme père, il donnait à l'éducation de ses enfants, les soins religieux qui avaient été donnés à la sienne ; il les envoyait s'asseoir dans les colléges où, « confondus avec les enfants du peuple, ils ambitionnaient comme eux les palmes universitaires, et comme eux, savaient les mériter. » D'après ses idées, en effet, « il faut que les princes de sang royal s'identifient avec leur époque. C'est ainsi que s'établit cette confiance réciproque qu'il est si désirable que les princes puissent inspirer aux nations [1]. » « Ce qui fait, disait-il, le malheur des princes et toutes les difficultés de la politique, c'est que les princes ne connaissent pas les peuples, et se nourrissent d'autres idées, d'autres expériences qu'eux. Tel est le motif pour lequel j'ai donné l'éducation publique à mes fils, et elle m'a

[1] LOUIS-PHILIPPE. — 1er janvier 1832.

réussi sous tous les rapports. J'ai voulu qu'ils fussent à la fois princes et citoyens; qu'ils ne se crussent pas d'une nature particulière, qu'ils n'eussent pas devant les yeux ce voile que donnent l'éducation et la vie des cours; qu'ils ne prissent point l'habitude d'un entourage corrupteur, qu'ils ne fussent pas liés par goût d'enfance à un monde faisant bande à part, intéressé à les tromper, et d'ailleurs se trompant presque toujours lui-même. Voilà quel a été mon but, et je suis bien certain de n'avoir qu'à m'applaudir du parti que j'ai pris dans tous les temps et dans toutes les situations[1]. »

C'est là ce qui faisait l'admiration de Paul-Louis Courrier, qui disait dans son naïf langage : « Voilà le duc de Chartres au collége, à Paris. Chose assez simple, direz-vous, s'il est en âge d'étudier. Simple sans doute, mais nouvelle pour les princes de ce rang. On n'a point encore vu les princes au collége; celui-ci, depuis qu'il y a des

[1] LOUIS-PHILIPPE. — 31 mai 1830. — *Conversation avec M.* DE SALVANDY. — Depuis que la tribune lui avait été interdite par ordre du roi Louis XVIII, Louis-Philippe ne pouvait faire connaître ses opinions publiquement, et il s'en dédommageait, dans ses salons, avec les membres les plus influents du parti libéral : Benjamin-Constant, Laffitte, Foy, de Choiseul, Dupin aîné, de Salvandy, Etienne, Jouy, Casimir Périer, etc... C'est avec ces grandes intelligences qu'il épanchait son âme généreuse, et sur le trône, plus tard, il les a retrouvées fidèles à sa fortune.

colléges et des princes, est le premier qu'on ait élevé de la sorte, qui profite du bienfait de l'instruction publique et commune; et de tant de nouveautés écloses de nos jours, ce n'est pas celle qui peut le moins surprendre. Un prince étudier, aller en classe ! Un prince avoir des camarades! Les princes, jusqu'ici, avaient eu des serviteurs, et jamais d'autre école que celle de l'adversité, dont les rudes leçons étaient perdues souvent. Isolés à tout âge, loin de toute vérité, ignorant les choses et les hommes, ils naissaient, ils mouraient dans les liens de l'étiquette et du cérémonial. N'ayant vu que le fard et les fausses couleurs étalées devant eux, ils marchaient sur nos têtes, et ne nous apercevaient que quand, par hasard, ils tombaient. Aujourd'hui, connaissant l'erreur qui les séparait des nations, comme si la clef d'une voûte, pour user de cette comparaison, pouvait en être hors et ne tenir à rien, ils veulent voir les hommes, savoir ce qu'on sait, et n'avoir plus besoin des malheurs pour s'instruire. Tardive résolution qui, plus tôt prise, leur eût épargné combien de fautes, et à nous combien de maux ! »

Aussi, Louis-Philippe était-il adoré de la nation, et quand il paraissait en public, les applaudissements éclataient-ils de toutes parts. Et le même pamphlétaire, s'abandonnant à sa verve, à son entraînement, disait de lui : « Je l'aime, parce qu'étant né prince, il daigne être homme. Du moins n'entends-je pas dire qu'il attrape les gens. Nous n'avons, il est vrai, aucune affaire ensemble, ni pacte, ni contrat; il ne m'a rien promis, rien juré devant Dieu; mais, ce cas avenant, je me fierais à lui, quoiqu'il m'en ait mal pris avec d'autres déjà. Si faut-il néanmoins se fier à quelqu'un, lui et moi, nous n'aurions, m'est avis, nulle peine à nous accommoder, et l'accord fait, je pense qu'il le tiendrait sans fraude, sans chicane, sans noise, sans en délibérer avec de vieux voisins, gentilshommes et autres, qui ne me veulent pas de bien. Voici ce qui me donne de lui cette opinion. Il est de notre temps, de ce siècle-ci, non de l'autre, ayant peu vu, je crois, ce qu'on nomme ancien régime; il a fait la guerre avec nous, d'où vient, dit-on, qu'il n'a pas peur des sous-officiers; et depuis, émigré malgré lui, jamais ne la fit contre nous, sachant trop ce qu'il devait à sa terre natale, et qu'on ne peut avoir raison contre son pays. Il sait cela et d'autres choses qui ne s'apprennent guère dans le rang où il est. Son bonheur a voulu qu'il ait pu descendre, et jeune, vivre comme nous. De prince il s'est fait homme. En France, il combattait nos communs ennemis; hors de France, les sciences occupaient ses loisirs. De lui, n'a pu se dire le mot : *Rien oublié ni rien appris*. Les étrangers l'ont vu s'instruire et non incendier. Il n'a pas prié Pitt ni supplié Cobourg de ravager nos champs, de brûler nos villages, pour venger les châteaux.... »

Le général Foy, le sublime orateur, le défenseur de la gloire nationale, dévoré par la tribune, meurt. Louis-Philippe s'associe hardiment à la douleur du pays et envoie sa voiture au convoi funèbre de l'illustre patriote, chef de l'opposition. Le roi lui en fit un reproche : « Ma voiture n'a été remarquée, répondit Louis-Philippe avec fermeté, que parce qu'elle était la seule ; et je croyais que, quand un grand citoyen mourait, tout ce qui aime la patrie, devait prendre part à son deuil. »

Le pays tenait compte à Louis-Philippe de sa noble conduite ; déjà il était indiqué tout haut comme le chef qu'appelaient les vœux de la nation. « Echangez vos armoiries ducales contre la couronne civique, » lui écrivait courageusement un publiciste qui payait bientôt de la prison, la hardiesse de ses conseils. « Stanislas Girardin, sur son lit de mort, lui adressait pour adieu ces paroles prophétiques : « J'emporte du moins au tombeau la pensée qu'avant peu vous serez roi. » Cri suprême et profond d'une âme qui, près de retourner dans le sein de l'Éternel, embrassait déjà les horizons de l'avenir ! »

Un contemporain illustre disait alors à ses fils : « Une révolution nous menace ; elle peut être terrible ; elle peut, comme la première, renverser les fortunes les mieux établies, détruire les positions les plus brillantes; travaillez, devenez hommes, afin de pouvoir résister à l'adversité, si elle arrive, et de vous protéger vous-même par votre capacité. Au reste, je le vois clairement, Louis-Philippe seul, peut arranger nos affaires; il montera sur le trône et relèvera le gouvernement constitutionnel[1]. »

[1] Louis-Philippe donnait, le 31 mai 1830, un bal au roi et à la reine de Naples; M de Salvandy, passant près du prince, lui dit : « C'est une fête toute napolitaine, Monseigneur, nous dansons sur un volcan. » Alors la conversation s'engagea entre le monarque futur et le publiciste. « En m'affligeant autant que vous de la route où le roi s'engage, disait Louis-Philippe, je ne m'effraie pas autant que vous des résultats; il y a en France un grand amour de l'ordre. Cette France, qu'on ne veut pas comprendre, est excellente; elle est admirable. Voyez comme les lois sont respectées au milieu de tant de provocations : c'est que l'expérience de la révolution est présente à tous les esprits : on en veut les conquêtes, on en déteste les égarements. Je suis bien convaincu qu'une révolution nouvelle ne ressemblerait à rien de ce que nous avons vu. » Sur une objection de M. de Salvandy, le noble interlocuteur répondait à son futur ministre de l'instruction publique : « Vous ne vous rendez pas assez compte des effets de la diffusion des lumières, suite du partage des fortunes. Le monde a changé de face depuis quarante ans; les classes moyennes ne sont pas toute la société, mais elles en font la force; elles ont un intérêt constant à l'ordre, et elles joignent aux lumières qui font juger des besoins d'un grand empire, toute la puissance nécessaire pour combattre les mauvaises passions et les réprimer. Le jacobinisme n'est plus possible quand le grand nombre possède. »

En effet, cette révolution éclata comme un coup de foudre. Elle allait être terrible. « Depuis longtemps, le peuple avait recueilli ses forces, et s'était essayé moralement à la résistance; sa colère, qui se trahissait en grondements sourds, comme ces bruits souterrains qui précèdent l'éruption d'un volcan, allait répandre au loin ses laves ardentes. Il connaissait la cause de la révolution, cause sainte et sacrée; les moyens de l'accomplir, il les trouverait dans son héroïsme. » Mais sa victoire sera-t-elle vengeresse et implacable? ou bien se montrera-t-elle généreuse et magnanime? La démocratie saura-t-elle s'arrêter à temps pour ne pas perdre les fruits de son triomphe? ou bien, cédant à sa nature envieuse de toutes les supériorités et ennemie de tous les pouvoirs, nous conduira-t-elle, par ses tentatives de nivellement, à l'anarchie? Quand les flots seront soulevés, qui tiendra le divin trident qui les apaise? Une révolution laisse après elle des traces si profondes! Elle trompe tant d'ambitions, froisse tant d'intérêts, ébranle tant de fortunes, provoque tant de souffrances! Quel homme sera assez puissant pour faire face à des difficultés aussi nombreuses? Quel homme pourra régler la marche de cette révolution si pleine de colères? Louis-Philippe parut; Dieu ne fit que le montrer au peuple, et soudain, il s'éleva un murmure spontané d'adhésion, puis, de toute la France, une acclamation immense, universelle, qui constata le consentement le plus manifeste et le plus unanime qui fut jamais C'était la croyance intime, irrésistible que cet homme personnifiait son époque ; que, seul, il pouvait fermer nos blessures et réaliser cette unité pleine de force et de vie, de grandeur et de liberté, propre à contenir et à réprimer les tempêtes qui viendraient menacer la société politique.

On dit qu'en un de nos jours de discordes civiles, un des plus ardents ennemis de la monarchie[1], voyant le vide de ces théories dans lesquelles s'agitait douloureusement la France, avait dit à ce jeune homme dont il connaissait la haute intelligence, le précoce et bouillant courage : « TU SERAS ROI. » Eu égard à l'époque, c'était là une prédiction ridicule, indigne de la gravité de l'histoire; car, dans la pensée de l'audacieux tribun, ce jeune homme ne devait ceindre le diadème que par une conspiration à laquelle aurait répugné son âme, et en enfonçant ses pieds jusqu'à la cheville dans le sang ; et à ce prix, certes il n'en aurait pas voulu. La couronne ne devait lui être offerte que comme un éclatant hommage à sa sagesse et à ses vertus, proclamées un jour, à la face du monde, par la voix de tout un peuple, qui fut véritablement alors la voix de Dieu.

[1] DANTON.

Or, ce jour solennel ne pouvait arriver qu'à notre époque; il fallait que la France, après avoir essayé du despotisme populaire, s'effrayât du despotisme royal, et que lassée à jamais de l'un, et menacée pour la seconde fois de l'autre, elle se leva, dans un élan sublime, pour reconquérir ses libertés en péril. Le jour doit venir en effet où la tyrannie, non seulement n'est plus possible, parce qu'elle est l'objet d'une haine légitime, mais encore parce qu'elle est la risée des peuples. Il faut que les fautes des gouvernements amènent le triomphe du bien, et ce triomphe ne dépend pas de cas fortuits, mais des lois immuables, inhérentes à l'esprit humain, de la raison et de la justice. Aussi les gouvernements qui veulent aller contre la raison et la justice, périssent-ils dévorés par elles, et seuls, les souverains qui s'inspirent de ces deux puissances supérieures à l'homme, peuvent supporter sans honte le jugement de l'histoire.

Le monde entier a rendu témoignage à cette haute sagesse qui a présidé à la marche du gouvernement depuis l'avènement de Louis-Philippe. Le monde entier a admiré cette parole pleine de simplicité et de grandeur du chef de l'État, traduisant, dans de sublimes axiômes, les règles les plus ardues du droit public. Tous ont vu en lui un prince pour qui l'histoire n'a pas été une lettre morte, mais une féconde leçon. De bonne heure, il a étudié les besoins physiques, moraux et intellectuels de son pays, et il a compris les moyens de les satisfaire. Soldat heureux, il a vécu dans les camps, couché sous la tente, joué sa vie au sort des batailles. Proscrit, il a gagné son pain quotidien à la sueur de son noble front, essuyé de rudes labeurs, et acquis la maturité précoce que donne la souffrance. Sujet, il a été fidèle et loyal, ami des institutions, partisan sincère des progrès légitimes. Prince, il a aimé et encouragé les arts, les sciences, les lettres, il s'est identifié, sans acception de partis, avec toutes les gloires de la patrie. Roi, il devait être le modèle des monarques, le protecteur des libertés publiques, le gardien de l'honneur et de la dignité de la France.

Aussi, que de progrès accomplis depuis son avènement, grâces à cette influence fécondante, à cette lumière toujours pure qui, comme celle du soleil, planant dans une région inaccessible aux orages, a pénétré tous les grands intérêts qui préoccupent éternellement les individus et les peuples !

C'est ainsi que les dynasties conquièrent leur légitimité et se consolident pendant une longue suite de siècles dans un pays. Chose remarquable et démontrée par l'histoire ! A l'origine de toutes les dynasties, il y a un grand homme. Une dynastie s'élève du sein d'un peuple pour en être le signe, l'emblême et pour le diriger dans sa voie; elle sort naturellement du sein des choses, parce qu'elle est en harmonie avec elles. C'est un des prodiges de l'organisation sociale qu'il intervienne toujours un pouvoir conforme à la société quand le besoin s'en fait sentir. Le doigt de Dieu est là. Louis-Philippe parut dans un de ces moments suprêmes ; il parut pour fonder une dynastie nouvelle sur les ruines de la dynastie dont le rôle était épuisé, « qui n'était plus digne de la puissance et à qui la puissance fut ôtée, » d'une dynastie qui avait voulu régner en méprisant le vœu du peuple; régner par des lois sans analogie avec les besoins, les idées, la civilisation de ce peuple. Alors, non seulement la nation obéit à celui qui venait de monter au pouvoir, revêtu d'une influence reconnue et acceptée de tous, mais elle lui obéit avec amour. Les factions vaincues par l'admiration, se turent autour de cette tige nouvelle de rois qui put, appuyée de l'assentiment d'une immense majorité, résister aux attaques des passions ennemies. Comme à tous les fondateurs de dynastie, la Providence, dans ses impénétrables desseins, a doté Louis-Philippe du génie qui convenait à son époque, du génie politique; de ce génie qui consiste, non à créer, mais à conserver, non à changer, mais à fixer. Elle ne pouvait en effet abandonner le peuple dont elle a fait le soldat de la civilisation, et elle lui donna un roi qu'elle destinait à assurer la paix du monde et « à sauver son pays de ces entraînements dangereux qui poussent les nations sur des écueils où elles périssent. » C'est ainsi que l'histoire de la vie générale des peuples n'est, le plus souvent, que l'histoire de la vie individuelle de quelques hommes, écrite en caractères plus éclatants.

DU TRONE

ET

DU PAYS

INTRODUCTION.

Chaque nation a une destinée à remplir. Dès lors doivent germer dans son sein toutes les institutions qui semblent le plus propres à la conduire à cette destinée. D'où l'État, que l'on peut définir : une société fondée entre des êtres libres, d'après les règles du droit.

Mais quand l'homme entre dans l'État, il abdique une

partie de sa liberté naturelle ; car il fonde au-dessus de lui une souveraineté à laquelle répond, comme l'effet à la cause : la subordination, qui n'est que l'expression du rapport entre l'obéissance et le commandement, et sans laquelle la souveraineté serait une chimère.

Cependant la souveraineté n'est pas une chose absolue ; elle a une limite en soi, car l'homme n'abandonne son indépendance, il n'amoindrit sa liberté qu'à condition qu'il trouvera des avantages qui compenseront, qui feront même plus que compenser le sacrifice qu'il fait.

En effet, le grand prince dont nous recueillons les pensées l'a dit : « Les hommes ne sont soumis aux gouvernements, que parce que les gouvernements les protégent. Vouloir qu'ils leur soient soumis contre leurs intérêts, c'est vouloir l'impossible. L'intérêt des hommes, c'est d'être protégés dans le libre exercice de leurs droits civils et politiques, de pouvoir se livrer sans crainte et avec confiance à la poursuite de toutes les professions et de toutes les industries, en un mot, de ne pas être exposés au danger de voir tous ces avantages compromis ou perdus par des émeutes populaires ou des coups d'autorité royale[1]. »

[1] Louis-Philippe. — 1er juillet 1831.

L'État, en créant la souveraineté politique, a pour but de fonder entre les membres de la société ce grand principe de la réciprocité du droit et du devoir, car l'homme voyant dans l'état de nature sa liberté à chaque instant menacée par l'empire de la force brutale, ne trouve pas de plus sûr moyen pour se protéger lui-même, qu'une union avec ses semblables, union dans laquelle tous se proposent d'établir l'équilibre du droit et du devoir entre eux, à l'aide de leurs forces communes.

Mais les nations, tout en s'en remettant à leur souverain pour les conduire à l'accomplissement de leurs destinées, ont le droit de régler les conditions fondamentales qui doivent présider à l'exercice de la puissance politique; de là naît la constitution de l'État.

Qu'est-ce qu'une constitution?

Une constitution en général n'est que le couronnement, le résumé de la civilisation d'un peuple. Car « les institutions doivent s'adapter aux exigences du temps [1]. » Aussi un peuple ne doit-il pas s'inquiéter du progrès; il peut s'en rapporter au temps pour le réaliser. A mesure que l'humanité avance, elle s'éclaire.

[1] LOUIS-PHILIPPE. — 1er mai 1843.

Les réformes s'opèrent, que la politique le veuille ou non. Vienne le jour d'un progrès, la politique chercherait en vain à l'étouffer : il faut qu'il s'accomplisse.

Et ce n'est qu'en réalisant de sages réformes que les gouvernements peuvent se mettre à l'abri des révolutions. Les réformes, avons-nous dit ailleurs [1], viennent de la puissante initiative de l'État et ont pour but le progrès, le rajeunissement, l'affermissement de la vie intérieure et extérieure d'un peuple. Par les révolutions au contraire, la puissance légitime de l'État est, ou ébranlée, ou violemment renversée. Les réformes substituent une chose nouvelle et nécessairement meilleure à ce qui a vieilli ; elles ont donc un fondement historique et logique. Les révolutions font d'ordinaire table rase, et effacent les bases sur lesquelles avait reposé jusque là toute la vie politique. Les réformes ont une action bienfaisante sur les progrès de la culture des peuples, parce qu'elles sont méditées et exécutées avec prudence. Dans la tempête des révolutions, le plus souvent tout fait naufrage ; les partis utiles ou inutiles de l'État tombent dans l'abîme, parce que les révolutions ébranlent l'ensemble des rapports sociaux.

[1] Voir notre livre intitulé : *De la Sainteté des Gouvernements et de la Moralité des Révolutions.* Nous y puisons largement. C'est notre œuvre, c'est donc bien aussi notre droit.

C'est la gloire de la monarchie fondée en 1830, d'avoir compris et appliqué cette grande vérité. Une foule de lois se sont succédé sous l'abri de la loi fondamentale, et n'en ont été que le développement nécessaire; et ces lois sont toutes, en général, l'expression des besoins et des lumières de l'époque; elles ont été destinées à pousser la nation toujours en avant, jamais en arrière. Il serait superflu d'en dresser ici l'inventaire; elles sont présentes à tous les esprits. Constatons seulement qu'un gouvernement qui a tant fait, en si peu de temps, au milieu des luttes qu'il a eu à livrer aux factions, ne doit plus rien avoir à redouter des révolutions, car il en a comblé l'abîme [1].

Et qui s'en étonnerait en voyant le timon de l'État remis aux mains du souverain que la nation s'est choisi, et en qui elle a déposé toute sa confianee. Elle sait d'avance qu'il ne portera point une atteinte téméraire à la loi fondamentale, car il l'a proclamée, dès son avènement au trône, UNE VÉRITÉ, et elle a entendu sortir de sa bouche ces nobles paroles : « Un souverain ne doit point se séparer de son peuple, et il n'existe pour lui d'autres

«[1] Un souverain doit se montrer disposé à accueillir tous les projets d'amélioration, mais aussi il doit se montrer éloigné de risquer des expériences en matière de gouvernement.» — LOUIS-PHILIPPE. — 12 juin 1831.

intérêts que ceux du bonheur, de la liberté et de la grandeur de ce même peuple. Les gouvernements solidement établis sont ceux qui s'identifient avec la gloire et les libertés du pays. Lorsqu'un gouvernement s'aperçoit qu'il ne peut agir conformément aux intérêts nationaux, il devrait abdiquer lui-même [1].» Et encore : « La franchise, la loyauté et la confiance sont les plus sûrs moyens de se préserver de ces fautes déplorables qui ont si souvent compromis les gouvernements et bouleversé les États [2]. »

Quand donc un souverain comprend ses devoirs, que ses peuples soient sans inquiétude, il comprend aussi leurs droits, car les uns naissent des autres ; ils sont corrélatifs et inséparables. Et de même qu'un être raisonnable ne peut pas accepter la souveraineté s'il n'a assez de pouvoir pour conduire les forces de la société qu'il est chargé de diriger vers leur but, de même un être raisonnable ne peut accepter la sujétion politique s'il dépend de l'arbitraire du souverain de détruire les lois fondamentales de l'État, de les changer selon son caprice ou d'agir en contradiction avec elles. Dans les deux cas, si l'une ou l'autre partie viole les obligations

[1] Louis-Philippe. — 12 juin 1831.
[2] Louis-Philippe. — 1er janvier 1833.

que la constitution lui a imposées, le contrat est détruit.

Heureuse donc la nation qui a confiance dans le souverain qui préside à ses destinées, et heureux le souverain qui peut inspirer cette confiance! Tranquille sur son avenir, la nation attend avec calme la réalisation de ces progrès qui naissent du travail mystérieux du temps; elle développe avec liberté les sources de prospérité qui sont en elle, s'en remet à son chef du soin de sa prospérité et de sa gloire. A son tour, fort de l'amour de la nation, le souverain se plaît à former entre elle et lui un lien durable qui a ses racines dans le passé et son sommet dans l'avenir; il ne sépare point ses intérêts et sa grandeur de l'intérêt et de la grandeur de son pays, et il met toute son ambition à transmettre héréditairement à sa descendance un peuple éclairé, heureux et puissant, un peuple riche de liberté, de vérité et de justice.

PENSÉES ET OPINIONS.

Le trône n'a pas de meilleure garde que l'affection du peuple, et cette affection ne s'obtient qu'en se dévouant aux véritables intérêts du pays, qui sont de maintenir les libertés publiques et d'assurer à chaque citoyen le libre exercice de ses droits.

Un souverain ne doit pas se séparer de son peuple ; il n'existe pour lui d'autres intérêts que ceux du bonheur, de la liberté et de la grandeur de ce même peuple.

Les gouvernements solidement établis sont ceux qui s'identifient avec les intérêts nationaux, avec la gloire et les libertés du pays. Lorsqu'un gouvernement s'aperçoit qu'il ne peut plus agir conformément à ces intérêts, il devrait abdiquer lui-même.

Le trône ne se consolide que par le respect des lois et le maintien des droits de tous ; l'arbitraire est sa destruction.

Le pouvoir arbitraire amène nécessairement le renversement des trônes, qui ne peuvent se maintenir que par le pouvoir légal.

La nation n'a rien à redouter du pouvoir lorsque celui qui l'exerce est pénétré de tous ses devoirs et qu'il sait qu'il doit sûreté et protection à tous les citoyens.

Le grand moyen de donner de la confiance aux nations, c'est de les préserver de l'oppression et de l'arbitraire du pouvoir.

Le trône tire sa principale force des libertés publiques, que son devoir est de défendre et de maintenir.

Les rois ne doivent pas exiger une plus grande étendue de pouvoir que celle qui est nécessaire à l'exécution des lois, au maintien de l'ordre public et à la défense de l'Etat. La liberté doit avoir toute l'extension compatible avec ce même but, car il ne faut jamais oublier que la liberté se perd par une extension immodérée, par la manie des perfectionnements chimériques, dont la poursuite renverse les Etats et amène à sa suite cette formidable anarchie, mère du despotisme.

Le trône n'est solide que lorsqu'il s'appuie sur les bases de l'ordre public et du règne des lois. Ceux qui ont cherché à lui en donner d'autres, ont appris par une douloureuse expérience qu'ils s'étaient trompés.

L'ambition d'un souverain, c'est le bonheur du pays, c'est l'amélioration et le perfectionnement de la société, c'est de préserver la jeunesse de toutes les doctrines dangereuses qui peuvent la pervertir et la lancer dans une mauvaise voie, et en même temps de lui ouvrir largement toutes les carrières qui conduisent à l'honneur, à la célébrité et à la fortune.

L'extension du pouvoir royal comme l'extension du pouvoir populaire, produit le despotisme ; notre histoire n'en a offert que trop d'exemples.

Un roi ne doit pas craindre de faire entendre du haut du trône les mots de liberté et de respect des lois. Si les nations ont le droit de les réclamer des trônes, c'est aussi l'intérêt bien entendu des trônes de s'empresser de les proclamer et d'en faire jouir les nations. Le peuple y trouve son bonheur et sa prospérité, tandis que le trône y trouve aussi son plus ferme appui.

Le premier devoir des rois et des princes

est de travailler à assurer le bonheur et la prospérité de leur pays. Mais pour atteindre ce but, il faut, d'un côté, que la liberté repose sur le règne des lois, que la tranquillité soit garantie par la force de l'autorité chargée de les faire exécuter ; d'un autre côté, il faut aussi que la sincérité, la loyauté du pouvoir puisse inspirer à la nation cette confiance qui lui est indispensable pour accomplir la grande mission qu'il a reçue d'elle.

L'anarchie engendre toujours le despotisme. Les nations repoussent également le despotisme du trône et celui non moins oppressif de quelques fractions de la société.

C'est à l'aide du loyal concours des divers pouvoirs de l'Etat, c'est à l'aide de l'appui que lui donne la nation, qu'un souverain peut répondre à l'attente de son peuple, et préserver le vaisseau de l'Etat de tous les dangers, de tous les écueils auxquels l'exposent les tempêtes politiques.

Un prince ne doit avoir d'autre vœu, d'autre désir que de voir son peuple, tranquille sous la protection des lois, jouir de ses libertés, en se rappelant toujours qu'il ne peut les conserver qu'en les maintenant dans ces sages limites qu'on ne dépasse jamais sans danger. C'est ainsi que l'autorité, prenant confiance en elle-même, saura démentir les efforts des passions subversives qui se déconsidèrent par leurs propres excès et finissent par disparaître devant la raison publique.

Le premier besoin d'un souverain est de s'identifier avec son pays, de s'associer à ses gloires, de partager ses périls et ses souffrances, et c'est par cette union intime de la nation et de son chef, que l'on voit se consolider de plus en plus et son repos et ses libertés.

Le but constant des efforts d'un roi, c'est

de garder les institutions dans l'esprit du temps où il vit, c'est d'être avant tout national et dévoué aux intérêts de son pays, ne le flattant pas, lui disant tout ce qu'il croit être la vérité, même au risque de lui déplaire et de froisser ses idées, afin de le maintenir dans cette voie salutaire, qui est la seule qui puisse consolider la prospérité, le repos et les libertés d'un peuple.

Les institutions doivent s'adapter aux exigences du temps. Aujourd'hui l'abus du pouvoir n'est pas à craindre. Il faut néanmoins que, sans sortir de ses limites, il soit tenu d'une main ferme, et qu'il ne se laisse pas ébranler par d'injustes défiances qui l'empêcheraient de remplir sa haute mission, c'est-à-dire de protéger tous les intérêts sans en opprimer aucun.

La force des lois, le respect de la justice,

la confiance des peuples, sont les auxiliaires nécessaires d'un bon gouvernement. C'est en vain que les peuples sont animés des intentions les plus pures, si de dangereuses illusions les exposent à méconnaître la direction la plus sûre pour les conduire à leur prospérité.

La plus douce récompense des travaux d'un roi, c'est d'espérer qu'ils ont été utiles à son peuple, lui ont épargné de grands maux, et l'ont lancé dans cette voie qui convient à sa grandeur, à ses intérêts, à son caractère.

Il n'y a de gouvernement possible que celui qui est complètement identifié avec la nation. Les chefs des Etats, comme tous les citoyens, ne doivent avoir qu'un seul et même intérêt : le maintien des libertés publiques et la prospérité générale.

Un gouvernement sans force ne saurait convenir à une grande nation.

Le moyen pour tous, roi ou peuple, d'assurer ses droits, c'est de se conformer à ses devoirs.

Les besoins de la patrie doivent l'emporter dans le cœur d'un roi sur tout autre sentiment. Son devoir est de se dévouer à son salut. Trop heureux s'il peut ainsi asseoir les libertés publiques sur la base immuable du règne des lois !

Le respect de tous les droits, le soin de tous les intérêts, la bonne foi dans le gouvernement, sont les meilleurs moyens de désarmer les partis et de ramener dans les esprits cette confiance dans les institutions, cette stabilité, seul gage assuré du bonheur des peuples et de la force des États.

Personne plus que le souverain ne doit être zélé pour la défense des droits du peuple; mais leur exercice doit être renfermé dans de justes bornes; sans quoi, il n'y a ni ordre, ni sûreté, ni par conséquent liberté. L'extension des droits populaires en amène la destruction, de même que l'extension de l'autorité royale amène sa ruine. L'une et l'autre engendrent le despotisme.

Un roi ne doit avoir d'autre ambition que de voir son pays libre, heureux et grand.

La meilleure garantie de la sécurité du pays, c'est la sagesse de la nation; c'est cette sage modération qui sait jouir des avantages que l'on possède, sans aller courir après des chimères dont la vaine poursuite a trompé tant d'ambitieuses espérances et produit tant de malheurs.

Un souverain doit s'efforcer de reconnaître les besoins et les vœux d'une nation pour satisfaire aux uns et se conformer aux autres.

Il n'y a de bonne année pour un roi que celle qui sera une bonne année pour son peuple.

Les intérêts de la nation ont toujours été les véritables, les seuls intérêts du trône.

Plus les hommes sont unis entre eux, plus ils peuvent travailler efficacement à faire le bien général du pays.

Le trône n'a pas d'autres intérêts que ceux de la patrie, et ce n'est qu'en restant identifié avec eux, qu'il peut à la fois et se consolider et se montrer le boulevard des libertés publiques.

Un roi doit toujours se montrer fidèle aux sentiments nationaux ; il doit s'efforcer d'étouffer les haines, les dissensions, et de rallier toutes les opinions autour du grand intérêt qui doit tout dominer, celui de la patrie et du bien public ; il doit sentir que c'est l'union qui fait la force, non pas cette union prétendue que présentait la devise fallacieuse de la république, puisque alors il n'y avait qu'un seul pouvoir dans l'État, mais au contraire cette union constante et sincère des trois pouvoirs qui composent le gouvernement représentatif.

C'est l'union de tous les pouvoirs qui fait

la force de chacun, et la force des rois comme celle des nations est dans leur confiance mutuelle.

C'est en prenant la loi fondamentale pour règle et pour base; c'est en maintenant les institutions, en assurant aux divers pouvoirs leur libre indépendance et en resserrant les liens qui doivent les unir et qui font leur force, que l'on parvient à préserver un pays des orages politiques.

DE LA MONARCHIE

ET

DE LA LIBERTÉ

INTRODUCTION.

Si, au milieu du mouvement irrésistible de l'humanité, l'on cherche la tendance générale qui domine son développement politique, un fait éclatant de vérité nous apparaît. L'histoire nous montre tous les peuples gravitant vers la monarchie, qui semble la forme de gouvernement la plus conforme à l'équité naturelle, la plus propre surtout à la satisfaction de l'un des principes les plus essentiels de la nature humaine : la liberté.

La monarchie, comme toutes les choses de ce monde, subit la loi du progrès. Elle est d'abord barbare, élective, temporaire. Mais petit à petit son caractère se modifie ; la personnalité du chef de l'État se développe ; la royauté s'agrandit en s'alliant avec le peuple, et elle devient protectrice de l'ordre public, de la justice générale, de l'intérêt commun. Puis les garanties arrivent naturellement. Les garanties se mettent en harmonie avec l'esprit du temps, et de conquêtes en conquêtes, la royauté moderne, tempérée par l'existence des lois fondamentales, limitatives des différents pouvoirs existants dans l'État, se forme, et combinant entre elles les diverses forces de la société, obtient l'adhésion et l'admiration des peuples.

Aussi peut-on hautement et avec le suffrage universel, proclamer cette grande vérité : « L'État le plus libre, le plus stable, le plus heureux, est celui d'une monarchie constitutionnelle franchement entendue, franchement administrée, et franchement gouvernée [1]. »

La monarchie constitutionnelle datera en France, on peut le dire sans flatterie, du règne de Louis-Philippe Ier. En effet, la loi fondamentale, restrictive du pouvoir

[1] LOUIS-PHILIPPE. — 24 septembre 1830.

royal, n'y est pas une concession de bon plaisir, c'est un contrat entre le souverain et la nation. C'est un acte synallagmatique qui lie souverainement toutes les parties ; c'est la loi la plus haute, la plus sainte, la plus inviolable de l'État, la loi dont on peut dire que ses décisions sont sans appel et ses commandements irrésistibles. Auparavant, il était logique de conclure que ce que le roi avait octroyé, il pouvait l'ôter ; maintenant cela n'est plus possible, il y a contrat réciproque, inattaquable, et depuis ce jour, nous avons conquis cet admirable gouvernement qui tient un compte sérieux de tous les éléments existant dans la société, qui appelle dans une fusion amicale tous les principes rivaux, leur donne la place légitime qui leur est due ; accepte et consacre la portion immortelle de vérité que chacun d'eux renferme, substituant à l'action violente et irrégulière des partis, une direction unique, ferme et modérée ; employant toutes les forces, n'en négligeant aucune, mais ne sacrifiant à aucune l'ordre et l'intérêt général.

N'est-ce pas la gloire de ce règne d'avoir résolu le problème de l'alliance de la monarchie et de la liberté ? On s'était plu à nous représenter les rois en général comme des ennemis de la liberté. Mais c'était là un préjugé qui devait, de nos jours, disparaître à jamais aux lumières de la monarchie constitutionnelle, dont le propre est de protéger, ou mieux, de créer la liberté au lieu de la détruire.

L'expérience d'ailleurs n'a-t-elle pas appris que la liberté de penser, de parler et d'écrire, de diriger sa maison selon son caprice, d'élever ses enfants d'après son bon plaisir, était incomparablement plus grande dans les monarchies que dans États démocratiques ; et n'a-t-on pas vu plus d'une fois les citoyens des républiques chercher un refuge dans les monarchies, pour y jouir de la liberté que leur refusait leur patrie ?

L'extension de la puissance au-dedans, l'envahissement des droits des citoyens, a-t-on dit, est la tendance ordinaire des monarchies. Ce n'est pas là la tendance des monarchies, mais des mauvais monarques. Dès lors un argument tiré de l'abus que ferait un roi de la constitution monarchique, n'a aucune valeur contre la monarchie elle même. S'il est dans la nature de tous les chefs des États d'usurper des droits, ne le peuvent-ils pas également dans les constitutions républicaines ? La majorité ne tend-elle pas, là aussi, à absorber la minorité, comme le monarque le pourrait faire du sujet, et le citoyen n'est-il pas vis-à-vis de celui qui commande, de quelque nom qu'il s'appelle, dans le même rapport que vis-à-vis de celui qui règne ?

L'envahissement des droits des autres n'est donc pas le propre de la monarchie constitutionnelle ; c'est le contraire qui est vrai. « C'est une expérience éternelle, que tout homme qui a du pouvoir est porté à en abuser, il va jusqu'à ce qu'il trouve des limites. Pour que l'on ne puisse pas abuser du pouvoir, il faut que, par la disposition des choses, le pouvoir arrête le pouvoir [1]. » Et l'excellence de la monarchie constitutionnelle consiste précisément en ceci que, par la disposition des choses, elle oppose des limites à tous les pouvoirs.

« C'était sans doute, a dit le roi, un grand problème à résoudre que celui de faire sortir des orages révolutionnaires, une liberté sans licence et un pouvoir sans oppression : la France l'a résolu. Mais il ne faut pas oublier que, pour conserver et consolider ces grands avantages, il faut continuer à éteindre l'effervescence des passions, et surtout obtenir de tous les pouvoirs et de toutes les autorités de l'État, que chacun se meuve franchement dans le cercle de ses attributions, sans jamais chercher à en sortir et à s'arroger celles des autres [2]. »

Lorsqu'il s'agit d'apprécier le degré de liberté d'un

[1] MONTESQUIEU.
[2] LOUIS-PHILIPPE. — 1er mai 1843.

peuple, il faut bien prendre garde de ne pas confondre la liberté politique et la liberté civile.

La liberté politique est la liberté du citoyen dans les affaires de l'État; la liberté civile est la liberté du citoyen dans les affaires privées.

Or, c'est une chose incontestable parce qu'elle est écrite dans le cœur humain : le citoyen est beaucoup inquiet, beaucoup plus jaloux de sa liberté civile que de sa liberté politique.

Et si, dans une démocratie, un plus grand nombre de citoyens jouissent de la liberté politique, puisque, par le droit de donner leur suffrage dans les affaires de l'État, ils contribuent ainsi, d'après leur caprice, au gouvernement; par compensation, il est vrai de dire que la liberté civile y est très petite, car les volontés particulières se trouvent à chaque instant gênées dans leur exercice par la volonté générale, et sont forcées de lui subordonner entièrement leurs actions privées.

Dans la monarchie, au contraire, la liberté civile est très grande, et cette liberté est garantie par l'ordre, que maintient une unité forte, ne vacillant jamais, et réunissant au besoin en elle toute l'énergie de la volonté et de la puissance nationales; tandis que, dans la démocratie, l'unité et par suite la puissance de volonté manquent, et l'on est obligé souvent de recourir au détestable moyen de la dictature, qui tient suspendue sur la tête des citoyens la hache impitoyable du licteur ou celle du bourreau.

La monarchie est donc la forme de gouvernement la plus favorable à la liberté; et il peut y avoir entre elle et la liberté, une alliance d'où elles tirent une force commune. Cette alliance s'est réalisée par la monarchie constitutionnelle, telle que Louis-Philippe l'a comprise et telle qu'il l'a faite.

Dans toute société politique, il y a trois éléments essentiels qui dérivent de la nature même de l'esprit humain : ce sont les éléments résultant de l'état de civilisation d'un peuple. La meilleure forme de gouvernement est celle qui sait le mieux les unir et les fondre ensemble. C'est là ce qui fait l'excellence de la monarchie représentative. Le roi, expression immuable et sacrée de la société, représente l'unité, la perpétuité de l'État. La chambre des pairs, pouvoir modérateur, représente les traditions, les mœurs. La chambre des députés, pouvoir mobile et variable, représente les opinions et l'esprit progressif. Ce sont trois pouvoirs distincts, ayant chacun leurs prérogatives, auxquels la constitution doit tracer des routes parallèles, pour qu'ils puissent se mouvoir dans une complète indépendance, de manière à ce qu'ils soient rivaux quelquefois, mais jamais ennemis.

Or, c'est là le spectacle que nous a présenté le gouvernement depuis 1830. Ce mécanisme admirable a fonctionné avec une régularité parfaite, avec une sincérité digne d'être offerte en exemple à tous les peuples, sans secousses, sans ébranlements intérieurs, sous le règne d'un prince que nul ne contredira quand on l'entendra tenir ce noble langage : « Toujours ami de la liberté, ne connaissant d'autre intérêt que celui de mon pays, prêt à me dévouer tout entier pour lui, ne faisant jamais que ce qui est dans ma conviction, quand je me trompe, je me trompe sincèrement, et je n'ai d'autre but que le bonheur et la prospérité de la France[1]. »

[1] LOUIS-PHILIPPE. — 23 septembre 1830.

PENSÉES ET OPINIONS.

Le grand problème à résoudre était l'alliance de la monarchie et de la liberté; c'était de faire sentir aux peuples que la liberté a besoin de la monarchie, et de prouver aux princes et aux rois que la monarchie a besoin de la liberté. C'est pour avoir méconnu ce principe, c'est pour avoir crû, d'un côté, que la liberté était incompatible avec la monarchie, et de l'autre, que la monarchie était incompatible avec la liberté, que la France fut entraînée dans les orages révolutionnaires. Dieu veuille en préserver les autres nations ! Puisse l'exemple de la France convaincre les peuples et les rois que la monarchie et la liberté peuvent vivre et prospérer ensemble, mais qu'elles ne le peuvent qu'au prix d'une confiance mutuelle !

C'est à maintenir l'union salutaire de la monarchie et de la liberté, que doivent tendre tous les efforts d'un roi. Trop longtems on les a crues incompatibles, tandis qu'au contraire, la triste expérience des temps que nous avons traversés, doit conduire à l'opinion qu'elles sont solidaires, et qu'avec le haut degré de civilisation où l'Europe est parvenue, elles ont besoin de leur appui mutuel, et ne peuvent plus, l'une sans l'autre, résister aux attaques de la violence des passions.

C'est parce que le trône est le protecteur de toutes les libertés publiques, que les prétendus amis de la liberté veulent frapper la royauté. Mais l'unanimité de sentiments des peuples parvenus à un haut degré de civilisation, anéantira ces détestables desseins. La succession au trône sera fermement établie, la volonté nationale de maintenir les institutions, de maintenir l'hérédité de la couronne, suffira pour décourager le crime et conserver à la monarchie sa sécurité dans le présent, et sa confiance dans l'avenir.

Quand les illusions du pouvoir entraînent ceux, quels qu'ils soient, qui en sont les dépositaires, à ne pas respecter les barrières qui déterminent ses limites, ils ne tardent guère à regretter de les avoir brisées, et à s'apercevoir que ce qui gênait le développement de leur pouvoir, était aussi ce qui les protégeait contre les attaques de leurs adversaires.

Il n'est de base solide pour le trône que le règne des lois, que le maintien des libertés publiques. Le trône doit être le protecteur des libertés de tous, et c'est dans cette protection qu'il trouve sa solidité, la garantie de son existence. Ce n'est pas dans une vaine étendue de pouvoirs, comme on l'a cru, qu'il doit la chercher.

La liberté, c'est le règne des lois, c'est l'ordre public qui assure à chacun le libre et paisible exercice de ses droits. Voilà ce que les nations ont droit et raison d'exiger, et ce que la France a toujours défendu avec autant de vaillance que de gloire.

Un pouvoir sans déception, une liberté sans licence. Le pouvoir doit donner l'exemple de la modération et se restreindre dans la mesure qui lui est nécessaire pour assurer le maintien des institutions, de l'ordre public et l'exercice des droits de chacun; mais aussi, il faut que, dans cette sphère, il puisse se mouvoir librement.

La liberté périt par l'anarchie; elle ne peut exister que par le règne des lois.

Le régime du bon plaisir ne reviendra jamais en France; nous n'en connaîtrons plus d'autre que celui de la liberté, que le régime constitutionnel où tout est soumis à la loi et réglé par elle.

Le règne des lois est la base du trône et le boulevard des libertés.

Il ne peut y avoir de liberté que là où il n'y a pas d'anarchie.

Le trône n'a d'autre base que les libertés publiques, et il chercherait en vain des garanties dans l'extension du pouvoir et dans des mesures arbitraires.

L'État le plus libre, le plus stable, le plus heureux, est celui d'une monarchie constitutionnelle, franchement entendue, franchement administrée et franchement gouvernée.

La tyrannie et les imprudentes théories sont, en politique, les deux dangers dont on doit se préserver. Le moyen de s'en garantir est de donner un libre cours au développement des institutions, de revoir toutes les lois qui ont besoin d'être modifiées, d'assurer à chacun le libre exercice de ses droits.

L'affermissement de la royauté constitutionnelle et des institutions monarchiques, ne forme plus qu'une même cause avec la protection de tous les intérêts de propriété, d'ordre social et de civilisation.

A quarante ans de distance, la France a vu deux grandes et mémorables révolutions. La première est tombée dans des excès qui ont écarté la nation du but qu'elle s'était proposé, but honorable puisque c'était le règne des lois et de la liberté. S'il n'a pas été atteint, ce n'a pas été la faute de la majorité de la nation. Mais cette expérience n'a pas été perdue; elle nous a appris quels étaient les dangers dont il fallait nous préserver. Ces dangers consistaient dans des théories impraticables, qui établissaient le despotisme au lieu de la liberté que le peuple demandait. Aujourd'hui, placés sous le régime constitutionnel, sous un régime où tous les droits peuvent être protégés, nous devons espérer de réaliser les espérances que la nation avait conçues à la première révolution.

La France sait toujours démêler la perfidie, sous quelque couleur qu'elle se cache, soit sous celle d'une vaine jalousie pour les théories impraticables qui mènent à l'anarchie, soit sous celle de cette aveugle fidélité au trône, qui ne lui connaît d'autre garantie que l'anéantissement de toute liberté, et qui mène à sa destruction par l'absurdité des moyens employés pour soutenir ou défendre la royauté. L'histoire de nos révolutions présente constamment l'exemple de ces deux vérités : que le trône ne peut se soutenir que par la liberté, et la liberté, que par le trône constitutionnel.

L'ordre public est inséparable de la liberté. Nous devons asseoir le trône sur le respect des lois, qui est en même temps la base de la liberté et la garantie de l'ordre social. Gardons-nous donc de compromettre cet état de choses par la séduction de vaines théories, qui ne servent qu'à agiter les esprits et à tarir les sources de la prospérité publique.

L'idée de la liberté ne peut se séparer de l'idée de l'ordre public.

La liberté ne peut exister que là où l'ordre public est maintenu. C'est cette réunion de l'ordre public et de la liberté qui les fortifie réciproquement, qui constitue le règne des lois, qui assure à chacun le libre exercice de ses droits et la pleine jouissance de ses propriétés.

Il faut, à une nation, la liberté réelle, et non pas cette liberté de déception, non pas cette liberté prétendue, sous laquelle on voit suspendre toutes les garanties, toutes les lois et organiser le mouvement révolutionnaire, ce despotisme le plus dur et le plus humiliant qui jamais ait pesé sur aucun pays. Un souverain doit préserver son peuple du retour de ces maux, résultat de toutes les illusions, et il faut le dire, de toutes les déceptions qui ont été pratiquées par tant de gouvernements successifs, soit populaires, soit autres, lorsqu'ils renversaient les libertés publiques dans le vain espoir de perpétuer ou de consolider leur existence.

Le bonheur des États dépend du maintien de l'ordre, et l'ordre est la base de la liberté;

travailler à empêcher que rien ne le trouble, c'est servir la cause de la liberté.

Le meilleur appui du trône est la liberté publique. C'est en s'appuyant sur elle qu'il en devient tout à la fois le boulevard et le gardien.

Le meilleur moyen de développer la prospérité d'une nation, c'est d'assurer la liberté par la conservation de l'ordre public ; de veiller au maintien de nos institutions, et de leur donner la vigueur nécessaire pour comprimer les factions.

La république pâlit devant le trône constitutionnel. Les lois et les institutions de la royauté sont assez fortes pour résister, d'une part, à toutes les attaques qui pourraient être dirigées contre elles; et de l'autre, pour s'améliorer graduellement en suivant les progrès de la raison humaine, et en s'adaptant aux besoins de la société.

L'ordre est le plus grand de tous les biens. La prospérité intérieure s'accroît au milieu de la sécurité publique, et la liberté, exempte de troubles et d'agitations, garantit les droits de tous et ne compromet ceux de personne.

C'est l'heureux accord de tous les citoyens qui inspire à la nation le respect de l'autorité, et qui donne en même temps au pouvoir, par la confiance dont il l'entoure, la force nécessaire pour conserver la liberté publique, en assurant le maintien de l'ordre et la paisible exécution des lois.

La sécurité est fondée sur la protection des lois; c'est la base de la vraie liberté; la sécurité de l'État fait la sécurité de tous.

Une fidèle observance des lois, leur application constante et consciencieuse, maintiennent les droits de tous, et garantissent les libertés constitutionnelles contre les attaques qu'on voudrait leur porter.

C'est en nous associant tout à la fois aux souvenirs du passé et aux besoins du présent, que l'on parvient à donner aux institutions cette stabilité qui peut seule garantir leur durée, à l'ombre des libertés glorieusement conquises.

S'il n'y a plus, parmi nous, de monarchie

possible sans libertés publiques, l'expérience des temps passés nous a également appris que la monarchie n'est pas moins nécessaire au maintien des libertés.

C'était sans doute un grand problème à résoudre que celui de faire sortir des orages révolutionnaires une liberté sans licence et un pouvoir sans oppression. La France l'a résolu. Mais il ne faut pas oublier que, pour conserver et consolider ces grands avantages, il faut continuer à éteindre l'effervescence des passions, et surtout obtenir de tous les pouvoirs et de toutes les autorités de l'État, que chacun se meuve franchement dans le cercle de ses attributions, sans jamais chercher à en sortir et à s'arroger celles des autres.

Le premier des devoirs d'un roi est de respecter les droits de tous, comme le premier de ses intérêts est d'inspirer à la nation cette confiance salutaire, que le trône constitutionnel est le véritable boulevard des libertés publiques, et que lui seul peut assurer à la France le maintien de son honneur au dedans et au dehors.

Le but de tout gouvernement, l'objet de son institution, doit être de maintenir à chacun le libre et entier exercice de ses droits; mais chacun doit se renfermer dans ce que la loi autorise. Il ne faut pas lui donner des développements que la théorie présente comme possibles, mais que, depuis longtemps, l'expérience doit avoir fait connaître comme impraticables. Aussi n'est-il que trop vrai que, dans un temps déplorable, la France gémissait sous le joug le plus odieux, tandis que la tribune retentissait de théories de liberté qui devaient, disait-on, assurer son bonheur, et que cependant on n'a pas même tenté d'exécuter.

C'est à la pratique des gouvernements que doivent s'arrêter tous ceux qui sont chargés de présider aux destinées des nations. Un souverain doit vouloir la liberté pratique, fondée sur le règne des lois ; il doit vouloir que chacun puisse faire tout ce que les lois ne lui interdisent pas, et qu'il soit réprimé toutes les fois qu'il cherchera à les transgresser.

DE LA RELIGION

ET

DES CULTES

INTRODUCTION.

Les droits que l'État doit conserver, comme conséquences de l'indépendance de l'homme dans les choses de la religion, sont : la liberté de croyance, la liberté des cultes, et l'égalité, pour chacun d'eux, de droits civils et politiques.

L'État n'est, en aucune manière, autorisé à exercer

une influence positive sur les consciences. Tout individu a le droit de pratiquer la religion que le sentiment intérieur lui indique, sans que l'État puisse l'inquiéter. Ce n'est pas là, selon des expressions énergiques et vraies, « une faveur, c'est un droit[1]. »

« Personne, en France, ne craint plus aujourd'hui l'intolérance ou la persécution : la liberté des cultes est conquise. La philosophie du dernier siècle avait préparé ce triomphe; la révolution l'avait consacré. Napoléon, dans les derniers jours de son règne, avait réveillé le fanatisme dans quelques âmes, par ses démêlés avec le pape. La restauration voulut revenir au passé; son ardeur de religion et de prosélytisme, l'intolérance de son clergé, le faste de ses missions, précipitèrent sa chute.

« La révolution de 1830 brisa cette puissance éphémère qui rêvait, au dix-neuvième siècle, les jours du seizième. Aujourd'hui, la liberté des cultes est la seule que le pouvoir et l'immense majorité de la nation acceptent avec la même faveur. On discutera longtemps encore sur la liberté de la presse, on ne discute plus sur la liberté des cultes. La liberté des cultes est un fait[2]. »

[1] LOUIS-PHILIPPE. — 25 juin 1831.

[2] M. AD. CRÉMIEUX. — *Code constitutionnel.*

Le gouvernement accorde une protection égale à tous les cultes, et il en salarie trois : le culte catholique, le culte protestant, le culte israélite. « Toutes les religions établies en France, a dit le roi, quelles que soient les nuances qui les séparent, doivent être également protégées [1]. »

Tous les citoyens, à quelque religion qu'ils appartiennent, sont admis à exercer les fonctions publiques de l'État. C'est là un progrès incontestable, car cela existait avant 1830, de droit et non de fait. La sagesse du gouvernement l'a mis en pratique, et l'un des ministres les plus éminents appartient à un culte dissident.

Mais, tout en protégeant également tous les cultes, tout en conservant les droits que la révolution avait consacrés en faveur de la minorité juive et de la minorité protestante, le gouvernement a proclamé, dans la loi fondamentale, un fait, c'est que la religion catholique est la religion de la majorité. Et à ce titre, elle doit plus particulièrement peut-être attirer l'attention du pouvoir.

Dans l'intérêt de l'État, comme dans l'intérêt de la re-

[1] LOUIS-PHILIPPE. — 25 juin 1831.

ligion elle-même, il fallait bien tracer la ligne de démarcation qui sépare la religion, de l'État ; c'est une préoccupation qu'ont eue tous les législateurs. Aussi le gouvernement s'empressa-t-il d'adopter pour base de ses rapports avec le culte catholique, la déclaration de 1682 sur les libertés de l'église gallicane.

La religion, sous le règne de Louis-Philippe, a été entourée de tous les respects qui lui sont dus ; et cela devait être, car les gouvernements qui ont inauguré le règne de la liberté, ne peuvent oublier que la religion en est l'origine, la source primitive. Cette tolérance que le gouvernement a su maintenir partout, entre les divers cultes, a eu pour effet de les rehausser, d'empêcher les réactions si fatales en matière de religion, et qui exercent sur les populations une si funeste influence, en leur faisant confondre la religion avec les abus, car il est dans la nature de l'homme, hélas ! d'abuser des meilleures choses.

Sous l'impression des idées qui avaient vaincu en 1830, et dans l'orgueil, on pourrait même dire dans l'abus de la victoire, le gouvernement supprima le traitement affecté en France aux cardinaux ; c'était ôter à l'institution une partie de sa distinction et de son éclat ; mais bientôt, on revint à des idées plus saines : ces traitements reparurent dans le budget de 1836, et il n'est aucun esprit raisonnable qui puisse blâmer cette loi de réparation et de justice.

Sans doute, la religion catholique n'est plus la religion de l'État, mais en lui ôtant cette qualification, les législateurs de 1830 n'entendirent point lui ôter ce qu'elle a de saint et de vénérable à tous les yeux, ils voulaient seulement proscrire d'imprudentes prétentions à une domination exclusive, aussi contraire à l'esprit de religion qu'à la liberté de conscience et à la paix de l'État. Ils voulaient anéantir ces barrières impies, qui séparaient des hommes que Dieu fit frères et destina à vivre ensemble dans cette vallée de larmes.

Depuis l'avènement de la dynastie actuelle, non seulement des églises, des temples, des synagogues se sont ouverts aux différents cultes, et ont appelé les citoyens à la prière, mais encore l'autorité a fait respecter la pureté de la religion, en prohibant ces cultes dérisoires, ignobles parodies, qui constituaient la violation des lois et un scandale public. Le gouvernement a compris qu'arborer la négation du culte, ce serait arborer la négation de la religion; et comme la religion, outre les perspectives divines qu'elle ouvre à l'homme, est nécessaire à l'État, qu'elle rend les hommes meilleurs, amis de l'ordre, on l'a encouragée, aimée, et de noble exemples sont venus du trône pour rendre un hommage vivant à la seule égalité sans exception, la seule possible et vraie : l'égalité devant Dieu.

PENSÉES ET OPINIONS.

Un souverain doit faire tous ses efforts pour que les principes de la morale et de la religion se fortifient et se propagent de plus en plus parmi les peuples, dont ils sont le premier besoin et la plus douce consolation.

La religion est la meilleure garantie contre les vices qui enfantent les désordres dans la société.

La religion est la source de toutes les vertus qui assurent le bonheur des hommes.

C'est par le respect et l'amour de la religion, que la jeunesse se forme dans les voies de la morale et de la vertu; c'est en lui inculquant de bonne heure des idées saines, que l'on prépare, pour les générations croissantes, des jours de paix, de bonheur et de prospérité.

L'esprit de conciliation est nécessaire là où existent des différences d'opinions et de religions.

Un souverain doit être le partisan du libre exercice des religions, et le meilleur moyen de le maintenir, c'est de faire sentir aux hommes les maux qui résultent pour eux-mêmes de cette hostilité réciproque, dont les effets sont si regrettables.

Il faut que la religion reçoive toute la protection qu'elle a droit d'attendre des lois.

La liberté des cultes est un droit.

Il importe que les fonctions de ministres du culte puissent s'exercer librement, et que chaque culte jouisse de tous les avantages que la loi lui accorde, et qu'il est dans l'intérêt de l'État de lui assurer.

Que tous les ministres de la religion prêchent la soumission aux lois; qu'ils cherchent à entretenir dans les familles des sentiments de paix et de concorde ; c'est ainsi qu'ils feront chérir la religion, et que leur ministère sera honoré et respecté.

Un roi doit faire tout ce qui dépend de lui pour que la religion soit respectée comme elle doit l'être, et pour que le clergé jouisse de la protection que la loi lui accorde.

Toutes les religions établies en France, quelles que soient les nuances qui les séparent, doivent être également protégées.

La liberté des cultes n'est pas une faveur,

c'est un droit, et tous les hommes ont celui de libre exercice de leur religion et de leur conscience. La loi le voulait ainsi, et si cela n'avait pas lieu dans la pratique, c'est que la loi n'était pas observée. La loi religieuse, comme toute autre loi, doit être exécutée franchement, loyalement, dans toute son étendue, en sorte que depuis le roi jusqu'au simple citoyen, tout le monde s'incline devant elle.

Un souverain ne doit pas laisser douter de son désir de faire respecter la religion.

C'est un droit inhérent à la nature humaine que d'adorer le créateur comme on l'entend, et de professer librement la religion que l'on croit sincèrement la meilleure. Nul plus que le chef de l'État, ne doit être disposé à reconnaître ce principe et à le faire respecter de tous ceux qui y porteraient atteinte.

La liberté des cultes est un droit, et l'intérêt du gouvernement est de maintenir tous les droits.

C'est par suite du progrès des lumières que les passions et les haines de partis ne pourront plus trouver dans la religion l'occasion ou le prétexte de leurs violences, et qu'au contraire, la religion, devenue étrangère à toutes les influences politiques, restera, pour les peuples, une garantie de la morale publique, et pour les hommes, un moyen de devenir meilleurs.

Un prince doit être, dans tous les temps,

l'ami de la tolérance religieuse et de la liberté, de la liberté fondée sur l'ordre public et le règne des lois. Le respect pour les lois et les institutions qui garantissent la liberté, est le seul moyen de consolider les trônes et d'assurer le bonheur des nations.

Au premier rang des devoirs d'un roi, est celui de faire chérir la religion, de combattre l'immoralité, et de montrer au monde que le respect de la religion, de la morale et de la vertu, est le sentiment de l'immense majorité.

Rien ne doit ralentir les efforts faits pour défendre et faire respecter la religion.

Rien n'est bon que ce qui est honorable et juste.

Le moyen de tarir la source des crimes politiques, c'est de ramener les hommes à la morale et à la raison, et de les prémunir contre les illusions et l'entraînement de ces détestables doctrines, qui font du crime une vertu, et de l'assassinat une gloire.

Il faut ramener dans la bonne voie ceux qui se sont laissé entraîner par ces doctrines déplorables, qui présentent le crime et l'assassinat comme des titres d'honneur et de gloire.

C'est l'éducation morale et religieuse qui prépare la jeunesse à bien traverser la carrière de la vie.

DE L'ÉDUCATION

ET

DE L'ENSEIGNEMENT

INTRODUCTION.

L'éducation de la jeunesse a subi bien des vicissitudes en France depuis Charlemagne, à la voix duquel la décadence de l'esprit humain s'arrête, jusqu'à notre époque, qui s'agite encore dans le laborieux enfantement d'une loi promise par la constitution et sur laquelle ont pâli tant de hautes intelligences. A quel ministre est réservée la gloire d'attacher son nom à l'une des plus grandes choses du siècle? Qui sera l'architecte définitif de ce magnifique édifice auquel se sont essayés en vain tant de grands hommes [1]? Puisse le chef actuel de l'Instruction publique, en qui brillent à la fois l'habileté de l'homme d'État et la dignité de l'homme de lettres, achever bientôt le monument dont il a posé les premières assises!

La révolution de 1789 avait trouvé les écoles universitaires encore debout, mais chancelantes. Quand commença l'œuvre de notre régénération politique, quand on vit apparaître l'esprit novateur de la représentation nationale, il était facile de prédire la mort prochaine du système d'éducation publique qui avait régné jusque là. Mais, occupées d'autres soins, aucune des deux assemblées qui se succédèrent, ne put rien mettre à la place; la démolition est aisée, mais la réédification est difficile. Pourtant les lumières ne manquaient pas; et un homme de génie [2] avait fait un splendide travail que l'on a appelé avec raison un vaste et hardi frontispice des connaissances humaines... un magnifique tableau de l'état

[1] DE TALLEYRAND. — Rapport fait à l'Assemblée constituante les 10 et 11 septembre 1791. — DE CONDORCET. — Rapport fait à l'Assemblée législative le 20 août 1792.

[2] DE CONDORCET.

des lumières nationales... une sorte d'itinéraire de leurs progrès futurs, embrassant, depuis les écoles primaires jusqu'à l'Institut qui, couronnement de ce majestueux édifice, était au monde de l'intelligence ce qu'est le soleil au monde planétaire [1].

Cependant ce système ne parut pas assez radical ; un autre fut proposé, qui faisait table rase, non seulement de toutes les anciennes traditions, mais encore détruisait les croyances les plus chères à l'humanité et basait l'éducation d'un grand peuple sur la doctrine désolante de l'athéisme. C'était le rêve d'un idéologue occupé d'organiser un univers imaginaire, épouvantable, un univers sans Dieu.

Mais ce n'était pas encore assez pour satisfaire les extravagantes prétentions des hommes politiques de l'époque. Les fervents apôtres de l'égalité absolue, ceux qui voulaient abolir l'histoire et réformer l'espèce humaine, tentèrent d'aller plus loin. Le décret du 13 août 1793

« [1] La grande idée de réunir dans un même corps tous ceux qui s'appliquent particulièrement à la propagation et au développement des connaissances humaines, a porté ses fruits. L'Institut de France en est une preuve éclatante. Il a donné aux lettres, aux arts et aux sciences, un essor qui a grandement contribué à accélérer les progrès de la civilisation. » — LOUIS-PHILIPPE. — 1er mai 1839.

supprime la famille, détruit la puissance paternelle, dépouille les citoyens du droit d'élever leurs enfants, et leur ôte ainsi la charge de soulager leurs vieux pères. Tous les vieillards indigents durent être adoptés par la nation, entretenus aux frais de l'État, dans les prytanées de la jeunesse, et servis par les enfants de la patrie. Législation absurde, stupide, inconciliable avec nos mœurs, bien digne, à coup sûr, d'être frappée, à son origine, d'impuissance et de stérilité !

Napoléon paraît, et avec lui l'idée d'ordre pénètre dans la société. Mais tout occupé de sa gloire, il ne fit rien pour propager l'enseignement populaire. Il porta toute sa sollicitude sur l'instruction secondaire. Ses soldats, en effet, n'avaient pas besoin de savoir lire pour courir à la victoire, et quand il voulait en faire des princes et des ducs, avec les provinces de sa conquête, il leur était ordonné d'apprendre à lire, dans le camp, entre deux batailles.

Cependant Napoléon organise l'Université par le décret du 17 mars 1808. L'État s'y adjuge le droit de conférer l'éducation nationale. Il réalise ainsi un vœu dont les parlements avaient retenti dès 1763, où, dans un réquisitoire célèbre, un magistrat revendiquait avec énergie, pour la nation, « une éducation qui ne dépendît que de l'État, parce qu'elle lui appartient essentiellement, parce que toute nation a un droit inaliénable et imprescriptible d'instruire ses membres, parce qu'enfin les enfants de l'État doivent être élevés par des membres de l'État. »

L'Empire tombe, la Restauration le remplace. Louis XVIII s'empara de la gloire que Napoléon avait dédaignée ou méconnue, en ce qui touchait l'émancipation intellectuelle des classes pauvres. L'ordonnance du 29 février 1816 fut un bienfait digne d'appeler sur son auteur la reconnaissance des vrais amis de leur pays.

Mais le gouvernement auquel était réservée la noble tâche de donner à l'instruction publique une impulsion rapide, était le gouvernement de 1830. Il sut choisir, au milieu des matériaux dont le sol était encombré, et de sa féconde initiative, sortit la loi du 28 juin 1833, sur l'instruction primaire, loi qui a obtenu l'assentiment unanime.

Cette loi promulguée par un prince qui venait de dire : « Aidez le gouvernement à faciliter l'instruction, à la répandre dans la classe indigente, à faire qu'un jour tous sachent lire, écrire et compter, et vous aurez bien mérité de la patrie[1], » cette loi établit les dispositions suivantes :

La distribution des écoles sur tous les points du territoire ;

La réunion facultative des communes limitrophes de minime population ;

Les deux degrés d'instruction primaire ;

La gratuité d'enseignement en faveur des enfants pauvres ;

L'intervention des communes, du département et de l'État dans la dépense matérielle et dans la direction morale des écoles ;

Les garanties données à la société contre les instituteurs, et aux instituteurs contre les caprices, le mauvais vouloir, ou l'indifférence des autorités locales ;

Les écoles normales d'instituteurs.

[1] LOUIS-PHILIPPE. — 1er janvier 1832.

Tous ces éléments de l'organisation actuelle étaient épars dans les lois antérieures ; il a suffi de les combiner dans une heureuse proportion.

Aussi, de toutes parts, les heureux résultats de cette législation se sont-ils produits. Les mœurs se sont améliorées par suite de la diffusion des lumières ; les crimes qui viennent de l'ignorance ont diminué ; les avantages de la forme de gouvernement sous laquelle nous vivons, ont été mieux appréciés par les populations. La loi n'a plus une lettre morte, elle est connue et obéie par des intelligences qui ont compris les bienfaits de l'ordre. Les conseils venus d'en-haut ont été entendus. « Le meilleur moyen de rendre une nation digne de la liberté, a dit le roi, c'est de l'éclairer, c'est de répandre l'instruction dans toutes les classes de la société. C'est en s'éclairant que les nations apprennent à chérir leurs institutions et à placer leur garantie dans le règne des lois et le maintien de la tranquillité[1]. » Belles paroles qui ne peuvent être prononcées que par un prince qui ne craint la clarté ni dans sa vie, ni dans ses actes[2] !

[1] LOUIS-PHILIPPE. — 1er janvier 1831.

[2] Le département de l'Instruction publique a toujours été confié à des hommes éminents. MM. Guizot, de Broglie, Cousin, Villemain, de Salvandy, l'ont, tour à tour, administré avec éclat. Le choix des ministres prouve l'importance qu'y attachait le roi.

La tâche n'est qu'à moitié remplie. Après avoir pourvu à l'instruction primaire, il faut pourvoir à l'enseignement supérieur, et le constituer sur des bases à la fois libérales et solides. Après avoir construit le premier étage, il faut couronner l'édifice. Les principes sont aujourd'hui posés ; il faut, d'une part, que les institutions d'enseignement portent un caractère de grandeur digne de la France, et que, de l'autre, l'indépendance du père de famille soit respectée. Mais cette indépendance doit être renfermée dans de justes bornes ; l'étendre d'une manière absolue, ce serait dépouiller l'État d'un droit inaliénable et sacré.

Cela posé, il faut partir de ce principe : il n'y a qu'un corps enseignant en France, c'est l'Université ; tout le reste n'est que l'exception. Que si, en cette occurrence, l'État trouve devant lui l'Église prétendant à l'enseignement des sciences et des lettres humaines, il faut rappeler à l'Église que, quoique institution divine, elle *est dans l'État*, selon la maxime fondamentale des libertés de l'église gallicane, et que vouloir l'en séparer, ce serait lui ôter son prestige et la déshériter d'une grande et glorieuse protection. Or, qui niera que l'éducation publique n'importe pas essentiellement à l'État ? Dès lors, le droit individuel ne peut prévaloir sur le droit social, et l'éducation de l'esprit est trop intimement liée à celle de la conscience, pour que les arbitres légitimes de l'une ne soient pas des témoins inquiets et jaloux de la direction de l'autre [1]. »

[1] M DE SALVANDY. — Exposé des motifs du projet de loi sur l'instruction secondaire. —1847.

PENSÉES ET OPINIONS.

Répandre les lumières sur une nation, c'est lui procurer le plus grand avantage qu'elle puisse obtenir. Les propager en France, c'est les propager dans toute l'Europe; car l'universalité de notre langue fait circuler partout notre littérature, et nos livres élémentaires servent à l'éducation chez toutes les nations.

L'éducation publique doit recevoir tout le développement dont elle est susceptible. Loin de nuire à la stabilité du gouvernement, le progrès des lumières, dans toutes les classes de la société, est le véritable moyen de l'assurer sur une base à la fois solide et avantageuse pour tous. Quand les hommes sont éclairés, ils peuvent mieux rechercher ce qui doit contribuer à les rendre heureux et à élever la prospérité publique. Là où il y a plus d'instruction, il se commet moins de crimes, parce que l'éducation donne à l'homme plus d'horreur pour le vice.

Pour améliorer l'espèce humaine, il faut l'instruire; l'éducation rend les hommes meilleurs. Loin d'un souverain la pensée qu'il faut que les hommes soient ignorants, pour que les gouvernements soient solidedement établis ! Ce système est un acte de barbarie qui doit être effacé des annales d'un peuple. Au contraire, pour que les hommes soient soumis au gouvernement qui les régit, pour qu'ils puissent en apprécier les avantages, pour qu'ils restent fidèles à leurs serments, il faut les instruire, il faut les préserver des fausses routes, des fausses directions qu'ils ne sont que trop disposés à prendre. Il importe donc que l'instruction se répande jusque dans les classes les plus pauvres de la société. C'est par ce moyen que la nation pourra réunir la masse de lumières qui lui est nécessaire pour arriver au grand développement de prospérité qu'elle est si digne d'acquérir, et pour être aussi heureuse et aussi grande qu'elle mérite de le devenir.

Plus l'instruction se répand dans une nation, plus les connaissances humaines s'étendent, plus elle devient sage, libre, heureuse. C'est une absurde doctrine que celle de croire qu'il faut que les hommes soient ignorants pour être soumis à l'autorité des lois, et de vouloir fonder la solidité des trônes sur l'ignorance des peuples et l'esclavage du genre humain. Quand les hommes sont éclairés sur l'étendue de leurs droits, sur leurs véritables intérêts, ils sont disposés à remplir leurs devoirs de citoyens et à se soumettre au joug salutaire des lois. Il faut que les intérêts des nations et ceux des gouvernements soient identiques pour que la machine politique puisse subsister.

L'éducation empêche la misère de devenir coupable, et facilite l'exécution des lois, car la plupart des crimes sur lesquels la justice appesantit son bras, sont commis par des malheureux sans éducation.

On doit réprouver le système qui tend à fonder la solidité des gouvernements sur l'ignorance des nations. Plus les hommes sont éclairés, plus ils sont susceptibles d'être civilisés; plus il y a de civilisation, plus ils sentent la nécessité de fonder la société sur le règne des lois, et plus ils peuvent apprécier les avantages du gouvernement qui les fait observer sans opprimer personne. Car, lorsqu'il n'y a d'oppression d'aucune part, ni du côté du gouvernement, ni du côté du peuple, l'ordre public est assuré, et chacun peut exercer librement ses droits civils et politiques. C'est là la véritable garantie des gouvernements; c'est aussi celle de la liberté des nations. Toutes les fois qu'on voudra la chercher ailleurs, on tombera dans des erreurs qui amèneront nécessairement la chute des gouvernements, et substitueront pour les nations l'anarchie à l'ordre public et l'oppression à la liberté.

Ce n'est qu'en formant la jeunesse qu'on peut assurer le bonheur des générations futures. C'est en éclairant les jeunes gens, en leur apprenant les devoirs qu'ils ont à remplir, c'est en leur faisant bien sentir que le meilleur moyen de consolider les libertés publiques, est de maintenir l'ordre et la tranquillité, qu'on les préparera à devenir de bons citoyens.

C'est à ceux qui sont appelés à former le cœur et l'esprit des jeunes gens, de les rendre dignes de parcourir honorablement les diverses carrières auxquelles ils se destinent, et surtout de les préserver de cette présomption et de ces vaines illusions qui n'égarent que trop souvent la jeunesse de tous les temps et de tous les pays.

L'instruction publique est le meilleur moyen de conduire la nation à ce haut degré de prospérité dont elle est susceptible. Ce n'est que par la propagation des lumières qu'on peut éclairer la masse des hommes sur leurs véritables intérêts, et préserver la nation de toutes les illusions qui pourraient l'entraîner dans des précipices.

L'instruction publique est le meilleur boulevard de l'ordre social contre les attaques qui pourraient le troubler; elle n'est pas faite seulement pour les savants auditoires, elle est aussi pour les classes pauvres, pour celles qui ont tant besoin de lumières afin d'apprécier les avantages de la sagesse et de la morale.

Les progrès de l'instruction sont à la fois ceux de la morale, de la raison et du bon sens. Les jeunes gens rentrant dans leurs familles, y reviennent non seulement plus instruits, mais meilleurs qu'ils n'en étaient sortis.

Rien n'est plus propre à consolider l'ordre que le bon esprit de la jeunesse. Il importe beaucoup pour l'avenir d'un pays, que les factions ne trouvent plus dans les jeunes gens des défenseurs et des dupes de ces dangereuses illusions qu'elles cherchent encore à propager, et surtout que l'on ne puisse plus prétendre que les générations croissantes sont disposées à seconder leurs sinistres projets.

Rien ne peut être plus efficace pour arrêter le renouvellement des attentats contre le chef de l'État, que l'utile direction donnée à l'instruction publique. Nous ne pouvons nous le dissimuler : il nous reste encore bien des progrès à faire pour nous préserver du danger de ces doctrines immorales et anti-sociales qui ont empoisonné tant d'esprits. Elles ont été trop souvent la cause que, tel qui aurait été destiné à parcourir une carrière d'honneur et de vertu, s'est trouvé plongé dans le crime par l'effet des déplorables illusions dont sa jeunesse a été entourée. Mais il ne suffit pas de garantir les jeunes gens de l'entraînement du vice et de la corruption, il faut leur faire chérir les vertus domestiques, il faut leur inspirer le goût de leurs devoirs, et surtout les prémunir contre cette tendance à la présomption, qui devient la source de tant d'erreurs et de tant de désappointements. C'est ainsi que l'on prépare des temps plus heureux aux générations futures, et un meilleur avenir au pays.

Il faut que les souvenirs du passé ne soient que d'utiles leçons pour les générations croissantes, et qu'elles perdent la mémoire de toutes ces haines, de toutes ces dissensions, de toutes ces animosités qui ont fait tant de mal à l'espèce humaine. C'est là ce qu'il faut inculquer à la jeunesse. Tâchons qu'elle demeure vierge de ces souvenirs, mais qu'elle arrive à profiter de ces mémorables exemples qui enseignent aux nations qu'elles peuvent se fourvoyer dans la poursuite des grands objets qu'elles veulent atteindre. C'est en leur montrant comment leurs devanciers dans la vie se sont égarés en cherchant le bonheur et la liberté dans des théories arbitraires qui en rendaient la réalisation impossible, qu'on peut préserver les peuples du malheur de voir disparaître à la fois les biens dont ils jouissent, et ceux qu'ils se flattent d'obtenir. Il importe surtout de faire sentir à la jeunesse qu'il faut s'attacher à apprécier la réalité des choses et celle des biens qu'on possède. C'est ainsi qu'on peut la prémunir contre la séduction de ces illusions présomptueuses qui engendrent des ambitions désordonnées, et qui ont trop souvent entraîné dans la carrière du crime ceux à qui leurs talents et leurs bonnes dispositions destinaient un meilleur avenir.

Il importe de pénétrer la jeunesse de ce principe, qu'il faut toujours s'attacher à la pratique en toutes choses, et que, quand on veut porter, soit la liberté, soit le pouvoir à toute l'étendue que les théories indiquent, on les énerve au lieu de les fortifier, et leur chute devient la conséquence inévitable de ce qu'elles avaient cru être de nature à les consolider. Il faut donc apprendre de bonne heure à la jeunesse à se renfermer dans les limites de ce qui est possible, de ce qui est praticable. La royauté absolue est aussi impossible que la république absolue ; et il est bien désirable de pénétrer l'esprit des jeunes gens de cette grande vérité qui les préservera de grandes erreurs, et peut-être la patrie de grands malheurs.

Efforcez-vous, en même temps que vous propagerez les lumières, de répandre et de fortifier les principes d'une saine morale, et cet esprit d'ordre et de sagesse qui, seul, peut assurer aux générations futures les conquêtes des générations passées.

L'influence du pouvoir sur l'éducation des

générations croissantes, est d'autant plus importante pour nos destinées futures, que les premières impressions de la jeunesse décident le plus souvent de la direction de la vie entière.

La jeunesse ne doit pas se hâter d'accepter les opinions toutes faites qu'on lui présente comme un moyen de succès, mais attendre le résultat de ses propres observations, résultat qui conduira ceux qui ont le cœur droit à reconnaître que c'est, avant tout, par la morale et par les bons principes, qu'ils peuvent se rendre utiles à leur pays et à eux-mêmes, et réussir dans les diverses carrières qu'ils seront appelés à parcourir.

Il est d'une grande importance pour l'État et d'un grand avantage pour la jeunesse elle-même, que la direction de ses études la détourne de la poursuite de ces folles illusions qui troublent les esprits.

Il faut que les fils des rois connaissent la génération au milieu de laquelle ils sont destinés à vivre, et que, par là, ils apprennent à se mettre à la hauteur des circonstances et des temps. L'avantage qu'ils ont, dans leur jeunesse, d'être élevés au milieu de leurs concitoyens dans les camps, dans les armées, dans le monde, leur fait sentir que ce n'est que par le contact de la masse des hommes, que l'on peut se préserver de ces idées surannées que l'on prend dans les cours, et qui ont fait tant de mal à ceux qui en étaient imbus.

Dans les grands souvenirs doivent se trouver de grandes leçons pour ceux qui savent étudier l'histoire ; ils en trouvent de tous les genres, et ils doivent y apprendre que la modération en toutes choses est la véritable source du bonheur et de la prospérité des nations.

Le meilleur moyen de rendre une nation

digne de la liberté, c'est de l'éclairer, c'est de répandre l'instruction dans toutes les classes de la sociét ». C'est en s'éclairant que les nations apprennent à chérir leurs institutions et à placer leur garantie dans le règne des lois et le maintien de la tranquillité.

L'instruction rend les hommes meilleurs; c'est en les éclairant qu'on en fait de bons citoyens, des défenseurs de la patrie; c'est elle qui peut concourir si efficacement à la gloire et à la prospérité de la nation, en développant les facultés des hommes destinés à devenir célèbres et à illustrer leur pays par leur génie et la supériorité de leurs talents.

Aidez le gouvernement à faciliter l'instruction, à la répandre dans la classe indigente, à faire qu'un jour tous sachent lire, écrire et compter, et vous aurez bien mérité de la patrie.

C'est en réunissant et en mettant en contact toutes les lumières et tous les talents, que l'on peut espérer de faire jaillir ce VRAI, toujours si important à connaître, toujours si difficile à saisir. Avec le VRAI, plus de ces déductions si dangereuses, surtout pour la jeunesse, plus de ces théories trop subtiles sur l'organisation première des sociétés. Rechercher ce qui n'a jamais existé, ce qui n'a même jamais pu exister, ne peut engendrer que des erreurs, et conduire les esprits, même les plus généreux, à des résultats entièrement contraires à ceux qu'ils se proposaient d'atteindre. Il importe que l'espèce humaine apprenne de bonne heure à bien juger de la portée de ses actes et à se prémunir contre l'entraînement de raisonnements qui, pour être vrais en théorie, ne s'en trouvent pas moins souvent faux dans la pratique. Combien n'a-t-on pas vu d'hommes honorables conduits à de déplorables conséquences par les illusions qui les avaient séduits, être eux-mêmes étonnés du mal qu'ils avaient fait, au lieu du bien dont ils s'étaient flattés !

Ce qui s'est passé de nos jours ne nous apprend que trop combien il est dangereux de se laisser aller aux vaines théories qui conduisent souvent à un but diamétralement opposé à celui qu'on s'était flatté d'atteindre. Il est d'une grande importance pour l'État, et d'un grand avantage pour la jeunesse elle-même, que la direction de ses études la détourne de ces folles illusions qui troublent les esprits.

DES SCIENCES

DES LETTRES ET DES ARTS

INTRODUCTION.

En Grèce et dans les temps héroïques, ceux qui avaient inventé un art utile obtenaient le pouvoir suprême pour eux et le transmettaient à leurs enfants. Ils étaient rois, prêtres et juges[1]. Il y a, à notre avis, quelque chose de

[1] ARISTOTE. — Politique.

mieux que d'inventer les arts, c'est de les protéger. Dans l'invention personnelle, l'intelligence d'un seul travaille; dans la protection, des milliers d'intelligences sont en proie à une activité divine, et à chaque heure, s'échappe de quelques-unes d'elles une de ces œuvres de génie qui font souvent plus d'honneur à un peuple que la plus belle victoire.

Et quelle époque fut plus féconde que la nôtre en encouragements pour les arts, les sciences et les lettres? Quelle impulsion féconde n'ont-ils pas reçue depuis 1830? L'aristocratie de l'intelligence, n'a-t-elle pas été placée au-dessus de l'aristocratie du nom et de la fortune? N'a-t-on pas donné les faisceaux consulaires ou une chaise curule à toute intelligence qui a resplendi? Du haut du trône, n'a-t-on pas entendu tomber cet hommage: « De bonne heure, j'ai aimé les arts; de bonne heure, j'ai vécu au milieu des savants, des artistes, des gens de lettres, et je me suis toujours efforcé de leur donner, dans la société, la place qu'ils devaient y occuper, et qu'il est dans l'intérêt public de leur conserver[1]. »

Aussi l'un des premiers actes du règne fut-il de rendre

[1] LOUIS-PHILIPPE. — 23 septembre 1830. — Louis-Philippe disait à M. Victor Hugo, en s'excusant de n'avoir pas lu ses derniers vers : « Il faut me plaindre et non m'en vouloir : dans notre métier, on a si peu le temps de lire ! »

la vie aux sciences morales et politiques dont un gouvernement ombrageux avait eu peur; de répandre d'une main généreuse et libérale l'éducation dans le peuple; d'ouvrir les portes de la pairie aux publicistes, aux écrivains, aux poètes, et de leur donner place à côté des plus grands noms.

C'est ainsi que Louis XIV forma un siècle qui fut, pour l'Europe, un faisceau de lumières, éclaira tous les arts et toutes les sciences, se répandit sur tous les objets et vivifia en quelque sorte la masse de l'esprit humain. C'est ainsi qu'un grand roi influe sur ce qui l'environne en versant dans les âmes cette émulation créatrice qui produit dans tous les genres des efforts et par suite des succès. Il semble qu'il se fait alors comme une noble conspiration de tous les talents pour illustrer le règne du monarque qui sait allumer un instinct de grandeur et d'enthousiasme dans le cœur de ses peuples[1].

Nul souverain, sans en excepter Louis XIV ni Napoléon, n'a plus fait pour les arts que Louis-Philippe.

[1] Voir notre ouvrage : *Éloquence et Improvisation, Art de la parole oratoire au Barreau, à la Tribune, à la Chaire, publié sous le pseudonyme de l'orateur grec* GORGIAS. Le chapitre « D'UN MODÈLE IDÉAL » est consacré au développement des idées que nous indiquons ici, sur la puissance de l'émulation.

Qui a sauvé de la main destructrice du temps le magnifique palais de Versailles? Qui en a fait le splendide asile de toutes les gloires de la patrie? Qui a achevé tant de monuments commencés et interrompus par nos discordes civiles? La peinture, l'architecture, la sculpture ne reproduisent-elles pas partout à nos yeux « ces grands évènements, ces grands actes qui ont honoré la France? Ne sont-elles pas là comme un nouveau stimulant pour les générations futures, de se montrer dignes de celles qui les ont devancées dans la carrière, et de soutenir la réputation glorieuse dont la France a toujours joui parmi les nations[1]? » Et en voyant tant de merveilles créées par l'inépuisable générosité du roi, qui ne s'est indigné d'entendre ces calomnies tant de fois répétées contre la liste civile[2]? Qui, en le voyant ainsi victime de l'injustice

[1] LOUIS-PHILIPPE. — 3 mai 1841.

[2] La liste civile du roi doit être en rapport avec la population du pays, et quand il s'agit de la fixer, l'importance géographique doit être prise en grande considération. Sous ce point de vue, il faut reconnaître que la liste civile de la couronne de France est loin d'être en harmonie avec l'étendue du royaume. La dotation royale n'est-elle pas pourtant la fortune de tous? N'est-elle pas destinée à protéger les arts, à faire descendre de larges aumônes sur le grabat du pauvre? Et là où les arts et les malheurs sont plus nombreux, ne faut-il pas aussi des ressources plus grandes? L'Angleterre, dont la population est du tiers inférieure à celle de la France, n'a-t-elle pas accordé à ses rois une liste civile qui s'élève à près de trente millions de francs?

des partis, n'est allé vers lui, dans sa pensée, par un entraînement spontané et magnanime, et ne lui a offert l'hommage d'une généreuse indignation et d'un noble enthousiasme ? Qui n'a répété avec lui ces belles paroles : « Heureux le prince à qui a été réservé le bonheur de présenter, réunis dans une magnifique enceinte, les hauts faits de la longue histoire de la patrie, et l'image resplendissante des grandes actions et des grands hommes que la nation a produits dans tous les siècles [1] ! »

Les monuments de Paris et de Versailles racontent la gloire du roi. Les artistes de l'avenir ne manqueront pas de modèles pour se réchauffer aux purs rayons des génies du passé. Les arts habitent des palais magnifiques, et une noble émulation s'emparera de tous les esprits. Grâces à cette protection éclairée qui a fécondé tant d'intelligences, Paris est devenu une seconde Rome pour la culture des beaux-arts. Les richesses qui s'y sont accumulées sous ce règne, attirent l'admiration du monde; et savants, artistes, écrivains se pressent autour d'un prince qui a

Le fleuve majestueux qui traverse un pays, enlève sans doute, pour creuser son lit, un vaste espace de terre à l'industrie de l'homme, mais qu'importe qu'il soit large dès sa source, si, dans son cours bienfaisant, il anime et vivifie les contrées qu'il arrose, et répand partout autour de lui, et sur ses bords les plus lointains, la richesse et la fécondité !

[1] LOUIS-PHILIPPE. — 2 mai 1838.

dit : « Les sciences, les arts et les lettres repoussent également la protection malhabile qui ne sait pas apprécier le mérite, et cette protection hautaine que nous avons vue trop longtemps retenir les artistes, les savants, les gens de lettres dans une position d'infériorité sociale aussi injuste en elle-même que provoquante pour ceux qui avaient le sentiment de leur génie et de la supériorité de leurs talents[1]. »

[1] LOUIS-PHILIPPE. — 2 mai 1835.

PENSÉES ET OPINIONS.

La haute culture intellectuelle contribue puissamment au bonheur et à l'illustration du monde civilisé, en ouvrant un vaste champ aux études sérieuses, en préservant la jeunesse des dangers de l'oisiveté, en donnant aux sciences et aux arts leur développement ; développement qui est déjà si grand, que l'on désespérerait de le voir aller plus loin s'il était possible de désespérer des progrès de l'esprit humain.

La grande idée de réunir dans un même corps tous ceux qui s'appliqnent particulièrement à la propagation et au développement des connaissances humaines, a porté ses fruits. L'institut de France en est une preuve éclatante. Il a donné aux lettres, aux arts et aux sciences un essor qui a grandement contribué à accélérer les progrès de la civilisation.

C'est en rectifiant, c'est en perfectionnant les anciennes méthodes, que l'on peut arriver à donner aux arts le plus grand éclat, et à assurer une approbation durable aux ouvrages de ceux qui les cultivent ; car il ne faut pas oublier que ces approbations passagères données à la nouveauté, à la bizarrerie, font bientôt place à de justes critiques qui détruisent les réputations éphémères de ceux dont le nom serait devenu illustre, s'ils avaient suivi une meilleure route.

Le meilleur moyen de faciliter les progrès des sciences, des lettres et des arts, est de maintenir la paix, à l'ombre de laquelle ils fleurissent et se développent.

Les beaux-arts sont une des gloires d'une nation.

Il ne faut pas perdre de vue que le point d'arrêt de chaque génération doit être le point de départ de la génération qui lui succède dans la vie, et que, par conséquent, on a droit d'attendre de chaque génération nouvelle un nouveau développement et de nouveaux progrès dans les branches des arts, des lettres et des sciences.

Les sciences, les arts, les lettres ne prospèrent que dans la paix; mais elles repoussent également la protection malhabile qui ne sait pas apprécier le mérite, et la protection hautaine que nous avons vue trop longtemps retenir les artistes, les savants, les gens de lettres dans une position d'infériorité sociale aussi injuste en elle-même que provoquante pour ceux qui avaient le sentiment de leur génie ou de la supériorité de leurs talents. Il faut que les sciences, les lettres et les arts soient justement honorés dans la personne de ceux qui les cultivent avec succès.

Les lettres, les sciences et les arts sont un des plus beaux patrimoines d'un pays.

Ce n'est qu'au sein de la paix et de la tranquillité publique, ce n'est qu'à l'ombre de la liberté protégée contre ses propres écarts, que la raison publique peut triompher de ces illusions trompeuses et de ce goût d'innovations qui lui est si fatal. La haute et juste influence des sciences, des arts et des lettres, contribue puissamment à développer cette amélioration, à maintenir la jeunesse dans les saines traditions et à propager l'amour du vrai et du bien.

Il est bon de ne pas perdre de vue les traditions du grand siècle; mais n'oublions pas que, lorsque les populations ne sont point absorbées par le mouvement de la guerre, chaque génération prend pour point de départ celui où la génération précédente a porté les connaissances humaines, les porte elle-même à un degré plus élevé, et lègue à son tour, aux générations qui doivent la suivre, le soin d'en reculer encore les limites.

C'est seulement dans la paix que les arts, les sciences et les lettres peuvent fleurir, et c'est en augmentant les lumières et la civilisation des hommes, que l'on rendra la guerre de plus en plus difficile. Plût à Dieu qu'elle fût déjà tout-à-fait impossible !

C'est la paix qui permet de se livrer aux travaux de l'intelligence avec le calme et la tranquillité d'esprit qui leur est nécessaire. C'est encore par la paix que l'on peut rattacher à l'étude cette brillante jeunesse française qui, lorsqu'elle n'en sera pas détournée par les passions de la guerre, portera son ardeur sur le travail et fera faire d'immenses progrès aux connaissances humaines.

Le progrès que la France a fait dans les connaissances humaines, est une de ses gloires.

La formation des grandes collections est un moyen de plus donné aux arts de se perfectionner.

Ce n'est qu'en étalant nos collections que l'on peut mettre la jeunesse et les artistes à portée de contempler, d'étudier les grands modèles, et qu'on peut leur inspirer le désir de les égaler par leur travail, peut-être même leur donner l'espoir de les surpasser.

Un souverain doit exciter l'émulation des artistes en les invitant à augmenter les chefs-d'œuvre du pays par la reproduction de toutes ses gloires, dans la paix comme dans la guerre, dans les magistratures comme dans la carrière politique, dans les arts comme dans les lettres, dans les sciences comme dans l'industrie.

Les arts veulent être protégés par la liberté comme par la paix, non pas cette liberté chimérique rêvée par certains esprits, mais par cette liberté réelle qui consiste dans la jouissance de tous les avantages que la Providence nous a départis, dans une sécurité complète, et surtout dans la certitude de n'être opprimés par personne, ni par en-haut, ni par en-bas. C'est ainsi seulement que l'on peut se livrer à la culture des arts et des lettres. Il ne faut pas avoir à craindre d'être arrêté dans l'essor de son génie, ni troublé dans le cours de ses travaux; car on ne travaille pas bien au milieu des agitations et des inquiétudes continuelles.

Ce n'est qu'à l'ombre de la paix que les arts, les lettres et les sciences peuvent fleurir. Quand la patrie appelle tous ses enfants sous les drapeaux, personne ne peut plus se consacrer aux travaux de l'esprit.

Heureux le prince à qui a été réservé le

bonheur de présenter, réunis dans une magnifique enceinte, les hauts faits de la longue histoire de la patrie, et l'image resplendissante des grandes actions et des grands hommes que la nation a produits dans tous les siècles !

La conservation des monuments anciens est utile à la fois aux arts et à l'histoire. Nos tempêtes politiques en ont détruit un grand nombre. Ceux qui nous restent n'en sont que plus précieux, et il est certain que l'on peut encore en conserver beaucoup pour les générations futures.

C'est la paix qui facilite la civilisation, qui favorise les travaux utiles et le progrès des facultés intellectuelles dont le développement doit amener la réprobation de la guerre et faire redouter de plus en plus les maux qu'elle entraîne à sa suite. Les hommes deviennent meilleurs en vivant paisiblement les uns avec les autres, et les loisirs de la paix s'emploient utilement à la culture des sciences, des lettres et des arts. Le haut degré auquel les connaissances humaines ont été portées par la France, retentira toujours à son honneur et à sa gloire.

DES LOIS

DE LA JUSTICE ET DE LA MAGISTRATURE

INTRODUCTION.

Ce qu'est la racine à l'arbre, ce qu'est le soleil au système céleste, ce qu'est la tête au corps humain, la constitution l'est à l'État. C'est d'elle que dérive toute la force d'un peuple; c'est le fruit mûr de toute sa vie; c'est le résultat de son passé et de son histoire. Une constitution n'est en fait que le couronnement de la civilisation d'un peuple.

L'État doit donner, par une immense conciliation, satisfaction à tous les intérêts qui s'agitent au sein de la société politique. Il le fait au moyen de la loi fondamentale. Aussi, avec quel saint tremblement ne doit-on pas élaborer cette loi! Et quand enfin elle est sortie du travail silencieux des siècles, combien ne doit-elle pas être inviolable et sacrée!

Lorsque Louis XVIII quittant son long exil, se présenta à la France, il vint portant d'une main l'olivier de la paix, et de l'autre la Charte, laquelle était une grande transaction entre le passé et le présent, et disons-le bien haut, un monument de sagesse politique. Sans doute cette Charte n'était pas un contrat dans le sens exact du mot, puisqu'il n'y avait pas de consentement de part et d'autre. Mais la nation l'avait acceptée, et dès lors elle devait avoir pour les parties, roi et peuple, le caractère de sainteté et d'inviolabilité indispensable à la loi fondamentale.

Elle ne garda pas longtemps ce caractère. La royauté porta une main téméraire sur le pacte tacitement convenu et accepté. Alors la révolution se fit au nom des lois violées, du contrat déchiré.

Une révolution faite au nom des lois devait inaugurer le règne des lois. Elle ne manqua ni à son origine, ni à sa mission. Aussitôt sur le trône, Louis-Philippe s'empresse de déclarer « que les lois sont la base de la vraie liberté, et que ce n'est que lorsqu'elles sont respectées et franchement exécutées que chacun peut exercer ses droits civils et politiques[1]. » Paroles d'une incontestable vérité! Ce n'est en effet qu'en commençant par se faire l'esclave des lois, que l'homme se fait libre. Dans l'état de nature, certainement il semble que la liberté doit être très grande; mais tout cet avantage est anéanti par cela même que la liberté est exposée aux plus grands périls. Car qu'est-ce qu'un bien que l'on a toujours la crainte de perdre? Une moindre liberté est seule une véritable liberté. Donc, il n'y a de liberté que celle que la loi règle, parce que c'est cette liberté seule qu'elle garantit. Aussi jamais les lois ne furent exécutées avec plus de franchise; jamais, sous aucun règne, la justice ne fut plus pure, plus indépendante. La voix qui est si souvent descendue du trône pour recommander le culte des lois, n'a pas été un vain son perdu dans l'espace, et elle a eu de l'écho dans les cœurs de la magistrature française. La première, la plus sainte, la plus précieuse de nos libertés, l'égalité devant la loi, a été partout respectée. Il n'y a plus eu de priviléges de naissance,

[1] Louis-Philippe. — 16 juin 1831.

d'immunités de race ; la loi a été souveraine, et tous, depuis le plus simple citoyen jusqu'au roi, se sont courbés devant elle.

Ce sera l'éternel honneur du gouvernement de Louis-Philippe d'avoir adouci les rigueurs de la loi pénale, « en purgeant, selon ses expressions, la législation de tout ce qui pouvait s'y trouver d'injuste et de barbare, et en y ajoutant ce qui pouvait y manquer pour assurer la force de la justice [1]. » Ainsi ont disparu des châtiments aussi cruels qu'inutiles, qui entachaient nos lois répressives d'inhumanité. Mais en même temps que la loi prenait de la force pour s'adoucir, il était juste qu'elle en prît pour se faire respecter elle-même. Il fut un temps, temps malheureux ! temps déplorable ! où la révolte pouvait chaque jour attaquer le gouvernement à main armée, insulter le chef de l'État, porter tous les matins dans la rue ses provocations insensées, recruter publiquement ses adhérents, et quand, après avoir combattu, elle avait été vaincue, elle pouvait encore opposer une résistance tumultueuse à la justice. Eh bien ! la loi s'est armée, la révolte a péri. Alors la justice n'a plus été profanée, ni son en-

[1] Louis-Philippe. — 25 juin 1831.

ceinte envahie; ses décisions souveraines n'ont plus été livrées au mépris public, ni ses magistrats les plus haut placés insultés jusque sur leurs siéges par des clameurs insolentes. Grâces en soient rendues à un gouvernement qui n'a pas reculé devant une impopularité momentanée, et a su attendre de l'avenir une justice qui ne lui a pas manqué!

La victoire remportée sur les factions n'est autre chose d'ailleurs que la victoire de la loi, que la prédominance de l'esprit de conservation sur l'esprit de destruction. Et c'est une loi de la nature que, dans le cours des âges, les pouvoirs qui conservent doivent l'emporter sur les pouvoirs qui détruisent. Cette loi s'applique à l'ordre politique et moral aussi bien qu'à l'ordre physique et matériel; et le rôle de la royauté, dans les temps modernes, semble être précisément de faire prévaloir ce grand principe. Dans le despotisme, il y a un dissolvant qui mine sans cesse la société politique : c'est le sentiment de la crainte qui étouffe toute dignité humaine et paralyse tout essor vers la liberté. Dans le républicanisme, l'agitation populaire, l'incertitude du gouvernement, la turbulence des partis mettent à chaque instant en péril les intérêts de la société. La monarchie seule promet le repos aux peuples. « Il faut, pour le salut même des nations, qu'un homme surgisse qui, comme Auguste parmi les Romains, prenne pour sa part le soin des affaires de l'État, laissant aux particuliers le soin de leurs propres affaires[1].» Aussi voyons-nous toutes les sociétés politiques graviter invinciblement vers la forme monarchique, qui répond le mieux aux aspirations intimes de l'humanité.

Mais la monarchie doit être en rapport avec la civilisation, et dès lors il faut qu'elle soit réglée, tempérée par une loi fondamentale au-dessus d'elle; et une fois cette loi promulguée entre le souverain et le peuple, elle doit être supérieure à tous. Que si l'une ou l'autre partie contractante, roi ou peuple, veut s'y soustraire, alors la révolution arrive, et l'ordre antique fait naufrage dans une révolution; car, par cela même que le droit est le plus juste, il est aussi le plus fort, et il obtient toujours l'empire.

[1] VICO. — *La Science nouvelle.*

PENSÉES ET OPINIONS.

Donner force à la loi, maintenir son ascendant, préserver son exécution de tout arbitraire, tel est le devoir des magistrats. C'est là la véritable base de la liberté ; c'est là ce qui assure à chacun le libre exercice de ses droits ; et c'est en suivant cette voie, que les nations peuvent arriver à cette paix, à cette tranquillité, inséparables de la liberté.

Il n'est point de liberté là où une force quelconque peut s'élever au-dessus de la loi. Pour que le bonheur des nations soit assuré, il faut que les lois règnent sur elle, et que, depuis le roi jusqu'au plus simple individu, tous soient soumis à leur empire, à leur action salutaire.

Le libre exercice des droits ne saurait subsister là où il y a une force supérieure à la loi, soit qu'elle vienne du trône, soit qu'elle vienne du peuple. Tout doit être soumis à la loi.

La publicité est la garantie de la légalité.

L'indépendance des magistrats est la garantie de la justice, car là où il n'y a point d'indépendance pour eux, il ne peut y avoir de justice pour les peuples. Les droits des peuples sont placés sous la garde du dépôt des lois et sur leur impartiale exécution. Le meilleur moyen de consolider les gouvernements est d'assurer la liberté individuelle et la liberté politique sans lesquelles il n'y a pas plus de sûreté pour les gouvernements que pour les individus. Pour que les droits du gouvernement soient respectés, il faut qu'il respecte ceux des peuples; il faut que la justice soit administrée d'une manière intègre et indépendante, et que la loi soit égale pour tous.

La France a le droit de s'enorgueillir d'avoir pu réaliser ce vœu si longtemps considéré comme chimérique, que TOUS SOIENT ÉGAUX DEVANT LA LOI, ET QUE LA LOI SOIT ÉGALE POUR TOUS. Mais ne perdons pas de vue que, pour conserver ces avantages, il faut que la liberté soit circonscrite dans les limites de la loi, car la liberté qui sort de cet orbite amène un esclavage aussi dur que celui que produit le despotisme.

L'obéissance facile aux lois est un grand symptôme de la sagesse d'une nation, aussi bien que de la consolidation de ses libertés et de ses institutions. L'infraction aux lois amène des secousses qui ébranlent tout l'ordre social. C'est dans la tranquillité, dans le calme, dans la sécurité avec laquelle chacun peut librement exercer tous ses droits, exploiter ses propriétés et développer son industrie, que se trouve le germe de la prospérité et du bonheur d'une nation.

L'indépendance de la magistrature est la seule garantie que la nation puisse avoir de l'impartialité avec laquelle elle rend la justice. La moindre atteinte portée à ce principe offrirait des dangers que ne saurait compenser l'éloignement de quelques juges. La liberté ne peut exister que lorsque la magistrature est indépendante et à l'abri des coups du pouvoir.

Il faut que chacun puisse exercer librement ses droits et qu'il n'y ait aucune force, aucun pouvoir dans l'État, soit royal, soit administratif, soit populaire, qui soit supérieur à la loi.

Il n'y a de lois respectées que celles qui sont franchement exécutées.

Il ne faut d'autre guide aux magistrats que leur conscience, et, dirigés par elle, ils doivent entendre et appliquer les lois avec sincérité, franchise et loyauté.

Nul ne doit être supérieur à la loi; les trônes ne peuvent se consolider qu'en se soumettant franchement à l'empire des lois.

Il faut que la loi ait la force nécessaire pour réprimer les écarts qui peuvent troubler la liberté; car là où l'on peut se permettre des écarts avec impunité, c'est une chimère de croire à la liberté.

Les importantes fonctions de la magistrature consistent à faire exécuter les lois, à veiller à ce que les coupables reçoivent le châtiment des crimes ou des délits qu'ils ont commis, à ce que, dans les procès entre simples particuliers, la justice soit rendue avec impartialité, enfin à empêcher que la loi soit méconnue. Dans l'exercice de ces importantes fonctions, le ministère public doit s'élever constamment au-dessus de toutes les passions, et se placer à la hauteur qui lui convient, car c'est là ce qui caractérise son indépendance.

Il n'y a pas de juge impartial là où il n'y a pas de liberté; et il n'y a pas de liberté, là où il n'y a pas assez de force pour protéger l'indépendance du magistrat et la liberté de sa conscience.

Un prince doit regarder comme un grand honneur pour son règne d'avoir purgé la législation de tout ce qui pouvait s'y trouver d'injuste et de barbare, et d'y avoir ajouté ce qui pouvait y manquer pour assurer la force de la justice.

Il faut que le ministère public soit aussi indépendant que les juges; qu'ils n'aient les uns et les autres que leur conscience pour guide; qu'aucune influence ne puisse les faire dévier de la voie qui leur paraît la meilleure pour remplir leurs devoirs. Le ministère public doit être maintenu dans toute son indépendance, afin de faciliter par là la tâche qui est imposée aux magistrats, c'est-à-dire de protéger tous les droits, de réprimer les écarts populaires ainsi que ceux des agents de l'autorité, de manière à ce que chacun puisse jouir de sa liberté sans licence et exercer pleinement ses droits civils et politiques.

C'est lorsqu'on a l'avantage d'être régi par des lois uniformes, qui protégent également tous les droits et répriment également tous les excès, que chacun se rattache à l'ordre de choses qui lui donne cette sécurité, et que tous concourent, par l'union de leurs efforts, au maintien de la tranquillité publique et à l'accroissement de la prospérité générale.

La publicité des séances des tribunaux est indispensable. Le public a le droit de savoir ce qui s'y passe ; c'est une surveillance salutaire pour les juges qui siégent. Rien n'est plus propre à rectifier leur conduite, et à les déterminer à apporter à leurs fonctions, l'attention et les scrupules qui doivent les animer.

Honneur, patrie, indépendance nationale, respect aux lois comme base de la liberté, respect par tous, car il faut que la loi soit supérieure à tous, que tous les citoyens soient assurés d'être protégés par elle, que personne ne rêve de s'élever au-dessus d'elle! C'est à ces conditions que le gouvernement obtient la force qu'il doit avoir pour remplir le but de son institution; c'est alors qu'il n'y a point d'arbitraire, que tout est soumis à un régime uniforme, et que chacun jouit en paix de la liberté et de la protection qu'il doit attendre de la société.

Le règne des lois est la base de la vraie liberté, car ce n'est que lorsqu'elles sont respectées et franchement exécutées, que chacun peut exercer librement ses droits civils et politiques, et exploiter ses propriétés et son industrie avec sécurité. C'est alors que les passions se calment, que la confiance s'établit, que les avantages d'un bon gouvernement sont justement appréciés, et que toutes les causes de trouble et d'agitation sont absorbées par le sentiment de la félicité publique.

Il n'y a de liberté que là où la loi est supérieure à toutes les forces, et où toutes les forces sont consacrées à la soutenir. Il appartient à la magistrature de proclamer cette grande vérité, comme c'est son devoir de la mettre en pratique; il est digne d'elle d'en donner l'exemple à la nation.

L'administration intègre et impartiale de la justice, est une condition nécessaire de tout bon gouvernement, qui doit, à son tour, sûreté et protection à la magistrature.

C'est à la magistrature que sont confiés le repos des familles et la garde des intérêts particuliers.

Déjouer les factions, forcer ceux qui voudraient méconnaître la suprématie des lois à s'incliner devant elles, et à reconnaître que leur règne est celui de la liberté, tel doit être le but d'un souverain. C'est en persévérant dans cette voie de sagesse et d'équité, que l'on parvient à consolider la prospérité nationale, et à la porter au plus haut degré.

La magistrature française doit s'efforcer de soutenir cette haute réputation de sagesse et d'équité, qui lui a obtenu, dans tous les temps et dans tous les siècles, la confiance et l'approbation de la nation. Le souverain doit un entier concours à la magistrature, pour assurer la libre action de la loi, pour entourer les magistrats, dans son sanctuaire, de ce respect et de cette force qui ne sont pas moins nécessaires à leur indépendance, qu'à la garantie de tous les droits et de tous les intérêts dont la protection lui est confiée.

C'est par l'empire des lois que les États

peuvent fonder leur prospérité, c'est en les exécutant, en les faisant exécuter avec une juste mais sage modération, que l'on parvient à assurer sa sécurité intérieure et sa considération extérieure.

Dans d'autres temps, les parlements eurent à lutter avec honneur pour la défense des droits des citoyens, contre les empiètements du pouvoir. Aujourd'hui le danger peut venir d'ailleurs, mais la conscience des organes de la loi doit se montrer supérieure à toute espèce d'influence.

Fidèles interprètes de la loi, les magistrats doivent l'appliquer d'après une conviction librement formée, et en s'élevant au-dessus de toutes les terreurs, de toutes les influences dont on voudrait les entourer. C'est ainsi seulement que l'on peut parvenir à donner une force nouvelle à ces principes de morale et de probité, qui constituent la religion de la loi.

Pour que les lois soient efficaces, pour qu'elles soient toujours un instrument de protection et jamais d'oppression, il faut que ceux qui se dévouent à leur loyale exécution, soient investis de l'autorité suffisante pour les faire respecter; il est juste aussi qu'ils soient soutenus par la confiance publique.

C'est après que force est restée à la loi, que l'on peut, en couvrant les coupables de la clémence royale, calmer et éteindre les passions, et par là, contribuer à rendre au pays le repos moral qui ne lui est pas moins nécessaire que le repos politique.

La magistrature française a toujours dignement rempli ses devoirs, soit dans les anciens parlements, soit dans les temps modernes, et la nation a trouvé en elle de fidèles dépositaires des lois, et de fidèles gardiens des libertés publiques.

Après la résistance, il existe d'autres devoirs à remplir, et le premier, c'est de veiller à ce que les lois soient exécutées avec impartialité, à ce que tout ce qui tend à en dénaturer l'action soit réprimé, et surtout à prévenir la propagation de ces théories malheureuses, qui n'ont servi qu'à bouleverser les États. La vraie liberté est celle qui est fondée sur l'exacte et stricte application des lois dans l'administration de la justice, aussi bien que dans l'exercice des droits des citoyens.

L'ordre public est inséparable de la liberté. C'est le règne des lois qui fait la liberté de tous ; c'est lui seul qui peut protéger tous les intérêts, et ce n'est qu'en maintenant force à la loi, que l'on peut maintenir la liberté publique.

L'exécution des lois, franche, loyale et entière, est le meilleur soutien du trône, parce qu'elle est aussi le meilleur soutien des libertés publiques.

La meilleure garantie de la haute position sociale d'un pays, est l'honorable exemple qu'il donne à toutes les nations de la pleine et entière exécution des lois qui le régissent, et des rapides progrès que le repos et le calme dont il jouit font faire à sa prospérité.

DU COMMERCE

DE L'INDUSTRIE ET DE L'AGRICULTURE

INTRODUCTION.

La véritable source de la richesse matérielle d'un pays, c'est le travail humain, se manifestant par l'industrie, l'agriculture et le commerce. La terre, mère féconde, tantôt nous offre ses trésors en étalant sous nos yeux sa surface chargée de moissons et couverte d'êtres animés, dont elle fait les serviteurs de l'homme; tantôt elle les cache mystérieusement dans ses intimes profondeurs et les dérobe ainsi aux regards de l'homme qui, pour les découvrir, interroge la science. Mais il y a une différence essentielle à constater. La terre renouvelle sans cesse les uns ; quant aux autres, une fois épuisés, elle ne les reproduit plus. Tant que le Brésil eut à exploiter ses mines précieuses, il fut riche. Aujourd'hui qu'elles ont disparu, il est pauvre. C'est qu'on a été ingrat. On a oublié de rendre, du moins en partie, à la terre, par l'agriculture, ce capital qui découlait en gouttes d'or de ses flancs déchirés. Aussi gémit-elle maintenant, dépouillée de sa richesse passagère, en proie aux douleurs de son éternelle blessure.

Ainsi, la richesse d'un peuple ne provient pas seulement de son sol, fût-il pavé de diamants, mais bien de son industrie, de son agriculture, de son commerce. La nature bienveillante, par sa fécondité, par ses fleurs et ses fruits, invite l'homme au travail. Il semble même qu'entre elle et lui, il y ait une harmonie préexistante, un concert dans un noble but, avec cette différence cependant qu'il n'y a pas de société entre eux, car l'homme prend tout pour lui, et quoiqu'elle donne en proportion du travail déposé dans son sein, la nature ne garde rien pour elle!

Ce n'est pas seulement l'esprit humain se produisant

dans le domaine des arts, des lettres, des sciences, qui, sous l'impulsion puissante du gouvernement de Louis-Philippe, a marché; les autres branches de la richesse nationale ont aussi fait des pas gigantesques. Ce quart de siècle n'a-t-il pas vu en effet, plus que tous les autres, grandir la faveur due au commerce, lequel vient de jeter tout à coup un cri de liberté qui a fait tressaillir le monde? N'est-ce pas à notre époque surtout, qu'a été salué l'avènement de l'industrie, qui n'est pas, ainsi qu'on l'a prétendu, le triomphe de la matière sur l'esprit, mais bien plutôt, comme l'a dit un de ses plus éloquents défenseurs, « l'intelligence établissant sa domination sur le monde matériel et se faisant de la planète un trône superbe? » Voyez à l'ombre de cette paix qui, quoi qu'en disent les partis, est honorable et digne, voyez ces merveilles qui éclatent de toutes parts, rapprochent les hommes, hâtent le travail silencieux du temps, et donnent à la civilisation un développement si grand « que l'on désespérerait de le voir aller plus loin s'il était possible de désespérer des progrès de l'esprit humain [1].» Pourtant, l'industrie est dans l'enfance; que sera-t-elle donc dans sa maturité? L'homme veut ravir à la nature tous ses secrets, il

[1] LOUIS-PHILIPPE. — 1er mai 1839.

s'approprie les fatales puissances qu'elle recèle, et en fait comme une extension de son propre organisme.

Déjà, par l'agriculture, qui n'est qu'une autre sorte d'industrie, une industrie appliquée au sol, est-ce que la face de la terre n'est pas changée? Est-ce que le sol n'a pas pris une valeur égale à ses produits, grâces à la stabilité des institutions et d'un gouvernement identifié avec le pays? N'est-ce pas à notre époque surtout que l'agriculture fut mise en honneur, et que l'on put contempler avec admiration des généraux, couverts de gloire, déposer leur épée victorieuse pour diriger la charrue, et graver avec orgueil, au milieu de leurs trophées, cette devise digne des héros de Plutarque, à la fois civilisateurs et guerriers: « ENSE ET ARATRO[1].» Et ne peut-on pas dire, quand on voit, réunies sous le patronage du gouvernement, ces assemblées d'agriculteurs où figurent tant de noms parlementaires, que la terre, comme du temps de Pline, se réjouit d'être déchirée par de nobles mains? « *Gaudente terrâ vomeri laureato et triumphali aratore.* »

Les paroles tombées du trône pour encourager l'agriculture, ont été bien comprises. « Obtenir, a dit le roi avec cette manière simple et élégante qui lui est si fa-

[1] C'est la devise du Maréchal Duc d'Isly.

milière, obtenir que les terres produisent tout ce qu'elles sont susceptibles de donner à l'homme, c'est accroître les richesses de tous sans faire tort à personne. C'est par la culture paisible de tous les arts, de toutes les sciences, aussi bien que par le noble élan imprimé à l'éducation agricole, si honorée dans tous les siècles, que l'on parvient à donner aux mœurs cette aménité, ce repos, ce calme qui peuvent assurer à la fois la prospérité, la richesse et le bonheur du pays [1]. »

Avec l'avènement de Louis-Philippe au trône, le commerce vit s'ouvrir une ère de protection et de prospérité. Sans doute, il se ressentit tout d'abord des perturbations qu'amènent inévitablement après elles les révolutions, mais cet état dura peu, et la confiance s'étant rétablie, il s'élança avec vigueur dans sa voie. Et il est aujourd'hui, en France, dans un état de prospérité tel, qu'il peut souffrir la comparaison avec celui de toutes les puissances du monde.

Une de ces lois qui, à elles seules, suffisent pour marquer un règne, la loi qui règle le travail des enfants dans les manufactures, a été promulguée en 1841 par le

[1] LOUIS-PHILIPPE. — 1er janvier 1837.

roi. Cette loi toute de divine charité et de mansuétude, était digne de son gouvernement paternel et doux.

Elle a pour but de protéger contre la cupidité « ces pauvres enfants que l'industrie applique à ses machines pour en compléter les rouages ; à qui il n'est pas donné d'avoir pendant le jour leur place au soleil, ni de respirer un air pur ; qui comptent dans l'année tant de nuits sans sommeil [1]. » En effet, le travail humain doit avoir des bornes. Dans nos sociétés modernes, l'homme s'est émancipé, et il n'a pas succombé comme autrefois sous la loi du travail. Sans doute, il faut que l'homme travaille, c'est son devoir et cela fait partie de son bonheur, mais non pas comme une bête de somme à qui il n'est permis de dormir qu'avec son fardeau, et que l'on réveille pour la forcer à travailler encore. Faites donc que le travail soit agréable et doux à l'homme, et laissez-lui le temps de céder aux inspirations de sa noble nature, d'élever ses regards et son cœur vers les cieux.

« Os homini sublime dedit cœlumque tueri
Jussit, et erectos ad sidera tollere vultus. »

C'est là son droit, pourquoi ?... Parce qu'il est homme et que Dieu le créa à son image.

[1] Mgr REGNIER, Évêque d'Angoulême. — Mandement sur la Sanctification du Dimanche.

Mais une vérité dont l'éclat paraît surtout avoir brillé à notre époque, c'est l'union intime qui existe entre le commerce, l'agriculture et l'industrie. Il y a peu d'années, il semblait que chacune de ces trois forces fût livrée à elle-même, et l'on n'avait pas compris l'avantage immense qui devait résulter de leur alliance, de leur action commune. Les progrès de l'économie politique ont eu pour résultat de montrer quelle puissance pouvait sortir de leur activité simultanée, et le gouvernement a tendu à leur donner un essor parallèle. Cette impulsion est due à la haute intelligence du roi qui prononçait ces admirables paroles : « On peut dire que l'agriculture, l'industrie et la prospérité commerciale sont trois sœurs inséparables, dont les intérêts ne doivent pas être considérés isolément. C'est au contraire en combinant les services mutuels qu'elles peuvent se rendre, qu'on les met à portée de profiter de tous les avantages que le génie national et l'extension toujours croissante des connaissances humaines étaient si propres à développer[1]. » Ces paroles ont été entendues. Des chaires ont été créées au profit de l'agriculture, et de savants professeurs y sont venus exposer de fécondes théories ; à côté, se sont élevées des écoles où la pratique est venue appliquer les leçons de la science. En même temps,

[1] Louis-Philippe. — 1er janvier 1838.

des ateliers se sont ouverts à l'industrie pour doter l'agriculture des instruments nécessaires à son perfectionnement. Enfin des palais se sont, comme par enchantement, périodiquement dressés pour recevoir tous les produits de cette même industrie et exciter l'émulation vers des choses tout à la fois belles et utiles. Et la France a vu avec admiration le roi qu'elle aime et dont elle est fière, récompenser, de sa main généreuse, ceux qui s'étaient distingués dans cette noble carrière, car l'industrie comme la guerre a ses héros, et sur ce champ de bataille, qui compte aussi ses victimes, se conquièrent noblement des titres d'honneur et de gloire.

PENSÉES ET OPINIONS.

La protection du commerce doit être un des premiers soins de l'État. Il faut l'encourager et lui donner tous les débouchés qui assurent la vente de ses produits.

Il doit entrer dans les vues d'un prince

souverain de débarrasser le commerce des entraves qui le gênent, et de faciliter l'écoulement des produits de l'industrie. L'ordre et la sécurité ramenant la confiance publique, les capitaux se répandent dans toutes les branches de l'industrie et du commerce, et prenant une nouvelle activité, améliorent l'existence de la classe ouvrière.

C'est la paix qui fait prospérer le commerce et qui augmente le bien-être de toutes les classes de la société ; il ne faut pas rechercher la gloire quand la gloire n'est pas nécessaire.

Le trône n'est solide que par les libertés publiques, et les libertés publiques n'existent que par le respect de tous les droits. C'est en acquérant cette confiance, qui seule peut faciliter la circulation du numéraire, que le commerce reprend son activité, et que le bien-être individuel fait le bonheur général et la prospérité publique.

Il est surtout essentiel de propager dans les classes moyennes de la société les connaissances qui tiennent à l'économie politique, ou plutôt à la science commerciale.

C'est quand la sécurité générale fait renaître la confiance, que les capitaux sont en mouvement, et que le commerce assure à chacun la paisible jouissance des fruits de son travail et de son industrie.

La France, manquant d'expérience, fut entraînée, par de vaines théories, dans l'anarchie et dans le despotisme populaire, mais plus instruite aujourd'hui, elle sait ce qu'elle veut ; c'est une liberté sage et réelle, qui fleurisse à l'abri de nos institutions ; c'est le règne de la liberté fondé sur le règne des lois. Alors chaque citoyen ayant le libre exercice de ses droits, aura la faculté de développer son industrie et d'augmenter sa richesse par le commerce, qui ne peut prospérer que par la confiance et la tranquillité publique.

Il faut veiller au maintien de l'ordre, assurer à chacun l'exercice de ses droits et de son industrie. L'ordre est la base de cette confiance sans laquelle il n'y a ni sûreté publique, ni bonheur, ni prospérité.

La paix extérieure est surtout nécessaire pour le commerce autant que l'ordre public et la paix intérieure.

La prospérité individuelle s'accroît par le développement du commerce, qui ne peut fleurir qu'à l'ombre des lois et par le maintien de l'ordre.

Il n'y a de sûreté pour le commerce que dans le règne des lois. La crainte de la violation des lois, autant que cette violation elle-même, est la principale cause de la souffrance et des embarras du commerce. Quand le bon sens et le courage d'une nation savent faire justice des anarchistes, des agitateurs et de tous ceux qui veulent élever leur volonté au-dessus des lois, quel que soit d'ailleurs le masque dont ils cherchent à se couvrir, le commerce fleurit, la confiance reprend sa force.

Un gouvernement doit faire tous ses efforts pour encourager l'agriculture et contribuer à son accroissement. De tous les temps, chez tous les peuples, l'agriculture a été l'objet de soins continuels. Elle a fait de grands progrès, mais il lui en reste encore beaucoup à faire, avant d'être parvenue au degré de perfectionnement dont elle est susceptible.

C'est en maintenant la paix au dedans et au dehors que l'on peut rendre au commerce son activité, au gouvernement sa force, aux lois leur empire, et donner aux institutions politiques tout le développement dont elles sont susceptibles. La liberté, l'indépendance nationale et la prospérité publique ne peuvent s'élever que sur cette base solide. Mais tout en désirant la paix extérieure, il ne faut point sacrifier l'honneur de la patrie, notre indépendance, nos droits, nos intérêts politiques à aucune considération étrangère.

Le maintien de l'ordre légal est le gage de

l'ordre intérieur, sans lequel le commerce ne saurait prospérer.

Le commerce ne peut prospérer que par la liberté.

Maintenir la paix intérieure, consolider la paix extérieure, ce sont là les meilleurs moyens de faire renaître la confiance, de favoriser la circulation des capitaux, et par conséquent de donner du travail à la classe ouvrière.

La paix extérieure, en se consolidant, affermit la paix intérieure, soutient le crédit public, appelle la confiance et contribue tout à la fois à accroître le développement de notre industrie et à augmenter la richesse de la nation.

Le meilleur moyen pour donner au commerce de la prospérité, c'est de développer la confiance, et la confiance s'obtient par le maintien de l'ordre public, par le respect de toutes les propriétés, de tous les droits, par la répression de tous les délits qui voudraient les troubler; il faut que l'on soit bien convaincu que le gouvernement est franc et loyal, qu'il ne connaît d'autres intérêts que ceux de la nation, qu'il ne consulte jamais d'autres guides que le bien public et l'amour de la patrie.

La sincérité, la loyauté du gouvernement est ce qui inspire la confiance de la nation. C'est par elles que le commerce reprendra son développement, que les sources de l'industrie seront fécondées, et que les maux inévitables qui suivent les grandes commotions, seront réparés.

C'est le défaut de confiance qui empêche

les capitaux de se mettre en mouvement. Ainsi, c'est à rétablir la confiance qu'il faut travailler. Il ne faut pas oublier qu'elle ne peut renaître qu'avec la paix extérieure et l'ordre intérieur. Si, sans cesse préoccupé de théories de perfectionnement dans nos lois politiques, on tient l'esprit public dans un état d'agitation continuel, qui lui fait poursuivre des chimères au lieu de s'arrêter à la réalité, ce serait en vain que l'État ferait ouvrir de nouvelles routes, ordonnerait des travaux que l'on n'aurait ni les moyens de payer, ni les moyens d'achever, car, pour tout cela, il faut des revenus publics et des revenus particuliers, et les sources des uns et des autres se tarissent quand il n'y a pas dans l'État cette tranquillité d'esprit et de corps qui peut seule ramener la confiance et faire prospérer le commerce, en assurant la conservation de l'ordre et de la tranquillité publique.

C'est en éclairant les agriculteurs sur les

meilleurs moyens d'exploiter le sol, que l'on peut parvenir à répandre partout l'aisance et même la richesse.

Obtenir que les terres produisent tout ce qu'elles sont susceptibles de donner à l'homme, c'est accroître les richesses de tous sans faire tort à personne. C'est par la culture paisible de tous les arts, de toutes sciences, aussi bien que par le noble élan imprimé à l'éducation agricole, si honorée dans tous les siècles, que l'on parvient à donner aux mœurs cette aménité, ce repos, ce calme qui peuvent assurer à la fois la prospérité, la richesse et le bonheur du pays.

La confiance seule peut attirer les capitaux et procurer aux ouvriers des moyens de travail.

On peut dire que l'agriculture, l'industrie

et la prospérité du commerce, sont trois sœurs inséparables, dont les intérêts ne doivent pas être considérés isolément. C'est au contraire en combinant les services mutuels qu'elles peuvent se rendre, qu'on les met à portée de profiter de tous les avantages que le génie national et l'extension toujours croissante de connaissances humaines, sont si propres à développer.

L'exposition des produits de l'industrie d'une nation, est un témoignage bien éclatant et bien satisfaisant du progrès de cette nation. C'est aussi une nouvelle source de vie pour le commerce, de travail pour les ouvriers et de richesses pour le pays.

Le meilleur moyen de soutenir le commerce, c'est de maintenir la paix publique, c'est de la préserver de ces douloureuses agitations qui causent toujours de l'ébranlement dans les affaires. Il n'y a de prospérité pour le commerce que là où il y a confiance et sécurité, et le premier gage de cette sécurité, c'est la stabilité de nos institutions. Gardons-nous de ces prétendus perfectionnements que leurs partisans eux-mêmes considèrent comme des chimères ou des déceptions, mais qu'ils remettent sans cesse en avant, non dans l'espoir de les faire réussir, ce qu'ils savent être impossible, mais seulement pour produire ces commotions passagères, qui arrêtent l'affermissement de la confiance et entravent les transactions commerciales.

Un souverain doit employer tous les moyens en son pouvoir pour faciliter le développement du commerce et surtout pour le diriger dans la voie qui peut assurer ses succès. Un des malheurs de notre époque est de se tromper sur la manière d'arriver au but qu'on veut atteindre. Il faut éclairer les jeunes spéculateurs qui se lancent dans la carrière industrielle ou commerciale avec une témérité, cause presque inévitable des échecs qu'ils éprouvent trop souvent. En modérant cette ardeur trop excessive de gain, en les retenant dans de justes limites, on parvient plus sûrement à mettre à profit l'intelligence et l'activité des populations, et à faire jouir un pays de tous les avantages que la Providence lui a départis. Mais pour donner aux relations commerciales l'extension dont elles sont susceptibles, il ne faut pas exiger des autres nations plus qu'on ne leur accorde soi-même.

En matière de lois sur le commerce et l'industrie, la circonspection est nécessaire. Avant de tenter une innovation, il faut chercher à s'entourer des lumières de tous ceux qui peuvent nous en apporter; et ce n'est qu'en entendant toutes les opinions et tous les intérêts, que l'on peut se préserver de ces démarches inconsidérées qui souvent entraînent tant de maux à leur suite. Sans doute, il faut marcher d'un pas ferme dans la voie de l'amélioration, mais aussi d'un pas sage et prudent. Il ne faut rien faire qui puisse compromettre les avantages acquis, rien qui puisse entraver le commerce, ni arrêter l'industrie, ni enfin porter atteinte aux droits de qui que ce soit.

C'est la stabilité des institutions, c'est la marche régulière et loyale des autorités, qui peuvent seules amener le développement progressif du commerce et augmenter l'aisance et les facultés de tous les citoyens.

La sécurité publique est le seul moyen de donner à toutes les branches de l'industrie et de la richesse nationale, l'élan et le développement dont elles sont susceptibles.

La sécurité, la prospérité d'un pays, ont pour base essentielle, le bonheur de sa capitale. Il faut que toutes les jalousies se taisent, et que chacun sente que si ce grand centre de commerce, de prospérité, venait à se dessécher, toutes les parties du royaume en souffriraient.

DU GOUVERNEMENT

ET

DE L'ADMINISTRATION

INTRODUCTION.

Il y a, dans l'organisation de l'État, trois parties essentielles : la constitution, le gouvernement et l'administration. On pourrait les comparer au soleil, aux étoiles et aux satellites du monde céleste ; à la tête, au cœur et aux membres du corps humain.

Dans la monarchie en France, la constitution, c'est

le roi et la Charte; le gouvernement, c'est le roi et ses ministres; l'administration, c'est le roi et les agents du pouvoir.

« Le roi, dans un gouvernement représentatif, est comme le pilote au gouvernail;... les chambres sont comme les éléments pour le pilote; elles ne gouvernent pas; elles indiquent, si elles sont la représentation exacte du pays, comment le pays veut être gouverné. Régner et gouverner sont deux choses inséparables, ou plutôt elles ne forment qu'une seule et même chose. Régner, c'est dominer, c'est être placé dans un lieu, dans une situation élevée, pour apprécier et juger les vœux et les besoins des peuples; gouverner, c'est décider, c'est ordonner d'après ce qu'on a vu et appris [1]. »

Ce sont là les véritables principes. Nul homme de sens n'oserait soutenir aujourd'hui qu'un monarque constitutionnel doit se priver du droit d'éclairer son pays de ses lumières; qu'il doit, lui, le premier de l'État, toujours obéir et ne jamais commander. C'était bon du temps des rois fainéants.

On objecte cependant l'exemple de l'Angleterre, où le

[1] M. PERSIL — *Mercuriale.* — 1833.

roi n'est jamais présent dans le conseil des ministres. Mais ne sait-on pas que ce n'est là qu'un usage qui fut introduit au profit personnel de Georges Ier, parce qu'il ne connaissait pas la langue anglaise? Ce n'est pas un principe résultant de la constitution. Aussi l'un de ses successeurs, Georges IV, ne se fit-il pas scrupule de diriger constamment les affaires étrangères. La prétendue maxime : *Le roi règne et ne gouverne pas*, n'est donc autre chose qu'une machine de guerre un peu usée, et à laquelle il faut substituer, sans hésiter, cette vérité de bon sens : le roi règne.... et gouverne, s'il en est capable.

On ajoute que la présence du roi dans le conseil, ôte la liberté des opinions, et que les ministres peuvent se trouver dans l'embarras de Pison disant, en plein sénat, à Tibère : « *Quo loco censebis Cæsar? si primus, habebo quod sequar; si post omnes, vereor ne imprudens dissentiam.* » Mais on oublie que de notre temps et surtout en France, les Tibères ne sont plus possibles, et que les moindres sujets ont conquis le droit de ne pas être de l'avis de leur roi, et cela sans avoir ni garde prétorienne ni lettre de cachet à redouter.

D'ailleurs, il ne faut ni plus ni moins que la Charte; c'est elle qui mesure tous les devoirs et tous les droits. Or, ouvrez la Charte et vous y verrez cet intitulé qui précède l'art. 12, et qui doit bien apparemment signifier quelque chose : FORME DU GOUVERNEMENT DU ROI. Si donc l'on veut la Charte, il faut la vouloir tout entière, sans acception, pour le roi comme pour le peuple. Il est du devoir des bons citoyens d'empêcher que des erreurs deviennent des principes.

C'est avec un sentiment légitime d'admiration, que nous avons vu la manière sage et élevée dont Louis-Philippe traçait les règles qui doivent présider à la formation de la constitution et à la marche du gouvernement. Mais la supériorité qu'il apporte dans l'appréciation des grands intérêts de l'État, vous la retrouvez encore dans les détails, quand il dit les devoirs des administrateurs, des agents du pouvoir, à quelque sphère qu'ils appartiennent. Son génie organisateur n'omet rien et ne néglige rien ; les trésors d'expérience qu'il a amassés, il les répand à pleines mains et comme des flots de lumière sur tout ce qu'il touche, sur tout ce qu'il aborde. Ecoutez cette grande parole : « Un pays, dit-il, doit posséder une administration qui réponde à ses vœux et aux besoins de l'époque. Le but constant des efforts d'un souverain, doit être de maintenir l'union la plus intime entre tous les pouvoirs de l'État. C'est dans cette union que l'on peut trouver cette force dont tous les fonctionnaires publics, tous les dépositaires de l'autorité ont besoin pour remplir la mission qu'ils sont appelés à exercer ; ce n'est que de cette mission que peut surgir cette puissance morale qui, en garantissant la stabilité des institutions, inspire à la nation cette confiance dans son avenir, premier gage de son repos, de son bonheur et du maintien de ses libertés [1]. »

Et comme la justice est la compagne de la puissance, comme partout et toujours doit apparaître la réciprocité du droit et du devoir, à côté des droits de l'administration viennent se placer aussitôt ses devoirs tracés avec autant de fermeté que d'équité : « Il faut, ajoute-t-il ailleurs, que l'administration montre partout de la loyauté et de la droiture, et surtout que, sous aucun prétexte, elle ne se mêle jamais de ce qui ne la regarde pas, car elle doit toujours respecter l'indépendance individuelle de tous ; il faut que les citoyens puissent exercer librement leurs droits civils et politiques [2]. »

Dans une monarchie constitutionnelle, l'unité des pouvoirs doit résulter de la variété des pouvoirs. La règle fondamentale est que chacun doit se mouvoir

[1] Louis-Philippe. — 1er janvier 1839.
[2] Louis-Philippe. — 24 juin 1831.

librement dans sa sphère. S'il y avait achoppement, un grand danger s'ensuivrait. Aussi est-ce une chose remarquable que le soin jaloux que Louis-Philippe a toujours pris de maintenir chacun des pouvoirs publics dans le cercle qui lui est tracé par la constitution, et de l'y rappeler quand il cherchait à en sortir, au risque même de compromettre sa popularité. Il n'a pas souffert les empiètements sur les prérogatives de la couronne, et il a eu raison; il a voulu être roi constitutionnel, il l'a été, et l'histoire ajoutera avec une incomparable grandeur [1].

[1] C'est de ce prince surtout que l'on peut dire les vers du poète :

Justum ac tenacem propositi virum,
Non civium ardor prava jubentium....
Mente quatit solida......

En voici deux exemples mémorables :

Le maire d'une des grandes villes de France, haranguant Louis-Philippe, en 1831, se crut le droit de lui adresser des avis et presque des admonestations, et pour leur donner plus de poids, il dit cette phrase : « Voilà ce que tous les conseils municipaux de France ont proclamé. » Le roi répliqua : « Vous me parlez de ce que tous les conseils municipaux ont proclamé ; ils n'ont rien proclamé ; il n'est pas dans leurs attributions de le faire, ni de prendre des délibérations sur des sujets de haute politique. Ce droit est réservé aux chambres ; ainsi je n'ai pas à répondre à cette partie de votre discours. Ceci s'applique également à ce que vous me dites des relations diplomatiques de la France avec les puissances étrangères, sur lesquelles les conseils municipaux n'ont pas davantage le droit de délibérer. »

L'administration, prise dans son sens le plus étendu, comprend les attributions de tous les départements ministériels ; mais la plus importante est sans contredit les finances.

En effet, de même que l'individu, l'État a le devoir de s'adresser cette question : Quels sont mes revenus, mes moyens matériels d'existence ? Mais contrairement à l'individu qui n'a que des ressources bornées, lesquelles le renferment dans un cercle infranchissable, l'État peut étendre les siennes fort loin et les augmenter selon son plaisir, jusqu'à des limites dont il est le seul juge. L'État est une personne idéale, qui n'a ni

A la même époque, un commandant de la garde nationale, admis à lire une adresse au roi, lui disait : « Si l'ordre est une condition indispensable de la liberté, l'expérience n'a-t-elle pas prouvé que le plus sûr moyen d'assurer l'ordre, est de satisfaire aux besoins progressifs de la civilisation, par des lois libérales et populaires ? Parmi ces lois, la plus décisive pour l'avenir de la France, est celle qui doit organiser la seconde branche du pouvoir législatif.. » A ces mots, Louis-Philippe, arrachant l'adresse à l'orateur, lui répondit sèchement : « La garde nationale ne doit pas s'occuper de questions politiques, cela ne la regarde pas. » — Sire, ce n'est pas un avis qu'elle donne, c'est un vœu qu'elle exprime. — La garde nationale n'a pas de vœu à former ; les délibérations lui sont interdites ; vous n'êtes plus l'organe de la garde nationale ; ainsi je ne veux pas vous entendre davantage. »

corps, ni bras, et qui se compose de l'ensemble de tous les membres d'une société politique, il est institué pour que chacun obtienne ce qui est de droit, dès lors tous sont intéressés à sa conservation; tous doivent subvenir aux besoins qu'il peut avoir, et dans ses rapports avec cette obligation, chaque contribuable peut, avec plus de vérité, s'approprier le fameux mot de Louis XIV: *l'État c'est moi.* En effet, supprimez le contribuable et l'État disparaît.

Chaque année, dans le gouvernement représentatif de France, les chambres règlent, contradictoirement avec les ministres, le budget de l'État. A leur tête, figure, mais discutée une fois pour toutes au commencement du règne, la liste civile du roi, c'est-à-dire la somme que l'État accorde à son représentant légitime, car le prince est l'incarnation de l'idée de l'État, c'est l'hôte de la nation. Ensuite, viennent les allocations faites aux différentes parties de l'administration. Mais tout est examiné, vérifié, contrôlé avec le plus grand soin. Aussi est-ce avec raison que le roi a pu dire de son gouvernement: « Le temps des prodigalités est heureusement passé. On ne verra plus se renouveler ces habitudes qui ont attristé une autre époque et que la nation ne tolèrerait plus. Il faut les remplacer par une occupation constante d'introduire dans toutes les parties du service public, cette sage économie, qui ne consiste pas à retrancher les dépenses utiles, mais à déraciner les abus, et à tout régler de manière à ce que les revenus de l'État ne soient plus employés qu'aux besoins de l'État [1].»

C'est un beau spectacle que celui d'un gouvernement ferme sur sa base, dont toutes les parties qui le constituent servent de fin et de moyens, se produisent, se fondent et se conservent réciproquement; où rien n'est en vain, rien n'est sans but, rien n'est dérivé d'un simple mécanisme, mais où tout concourt à l'accomplissement de la destination finale de l'État. Mais il faut bien le reconnaître, la centralisation seule peut produire ces admirables effets. Il y a un point lumineux d'où partent les rayons de toute espèce, qui les répand tout à la fois et les attire, c'est Paris, siége du gouvernement, capitale du monde. C'est là véritablement qu'est la France, qui s'y fait représenter par ses hommes d'élite. « Paris est le centre de toutes les richesses nationales, de toutes les sources de l'industrie; c'est aussi celui de la culture des lettres, du progrès, des beaux-arts et du développement de toutes les facultés qui relèvent et honorent l'intelligence humaine. La France entière doit donc s'enorgueillir de la

[1] LOUIS-PHILIPPE. — 20 août 1830.

gloire de Paris, de même qu'elle profite de sa prospérité. C'est par l'exploitation commune de ces grands avantages, que l'on peut augmenter la prospérité générale du pays. C'est par l'union de tous que l'on peut rétablir la confiance, fortifier l'ordre public, et donner à nos institutions constitutionnelles cette stabilité qui les garantira de toute attaque et fortifiera toutes les libertés de la nation [1]. »

[1] LOUIS-PHILIPPE. — 1er janvier 1832.

PENSÉES ET OPINIONS.

C'est en assurant le juste équilibre de tous les pouvoirs de l'État ; c'est en garantissant aux fonctionnaires publics cette considération qui suit toujours l'équité, que l'on parvient à obtenir pour eux le respect qu'il est si nécessaire qu'ils inspirent au public et à ceux qu'ils sont destinés à administrer. Dans le temps où nous vivons, l'autorité ne saurait assez chercher les moyens de s'élever dans l'opinion des hommes, et sans jamais mêler l'arbitraire à ces moyens (ce dont il est toujours essentiel de se préserver), il importe qu'elle fasse sentir qu'elle existe, qu'elle est toujours là pour protéger les faibles et pour empêcher les forts de les opprimer.

Un pays doit posséder une administration qui réponde à ses vœux et aux besoins de l'époque. Le but constant des efforts d'un souverain, doit être de maintenir l'union la plus intime entre tous les pouvoirs de l'État. C'est dans cette union que nous pouvons trouver cette force dont tous les fonctionnaires publics, tous les dépositaires de l'autorité ont besoin pour remplir la mission qu'ils sont appelés à exercer; ce n'est que de cette union que peut surgir cette force morale qui, en garantissant la stabilité des institutions, inspire à la nation cette confiance dans son avenir, premier gage de son repos, de son bonheur et du maintien de ses libertés.

Grâces à l'intelligence toujours croissante des besoins du pays, la nation, de plus en plus éclairée sur ses véritables intérêts, a senti l'illusion de ces fausses espérances que l'on cherchait à lui donner, et nous avons pu préserver le vaisseau de l'État des écueils dont il était environné. Mais n'oublions pas que c'est en persistant dans cette voie de sagesse et d'expérience, en fortifiant sans cesse l'obéissance aux lois et le respect à l'autorité, que nous continuerons à garantir la sécurité et la prospérité de la patrie.

Le temps des prodigalités est heureusement passé. On ne verra plus se renouveler ces habitudes qui ont attristé une autre époque et que la nation ne tolèrerait plus. Il faut les remplacer par une occupation constante d'introduire dans toutes les parties du service public, cette sage économie, qui ne consiste pas à retrancher les dépenses utiles, mais à déraciner les abus et à tout régler de manière à ce que les revenus de l'État ne soient plus employés qu'aux besoins de l'État.

Les utopies chimériques font sans doute beaucoup de mal, mais elles ne doivent pas inquiéter; le bon sens des nations les repousse, et il y a aujourd'hui trop de lumières et de perspicacité dans les masses, pour que l'on doive s'en alarmer.

Défendre son pays et ses institutions contre les attaques des factions, est le premier devoir d'un roi.

Il faut que l'administration montre partout de la loyauté et de la droiture, et surtout que, sous aucun prétexte, elle ne se mêle jamais de ce qui ne la regarde pas, car elle doit toujours respecter l'indépendance individuelle de tous. Il faut que les citoyens puissent exercer librement leurs droits civils et politiques, qu'ils soient protégés dans leurs propriétés et dans leurs personnes, mais il faut aussi que l'autorité ait la force nécessaire pour faire exécuter les lois et réprimer les agitateurs.

Les hommes sont soumis aux gouvernements parce que les gouvernements les protègent. Vouloir qu'ils leur soient soumis contre leurs intérêts, c'est vouloir l'impossible. L'intérêt des hommes, c'est d'être protégés dans le libre exercice de leurs droits civils et politiques, de pouvoir se livrer sans crainte et avec confiance à la poursuite de toutes les professions et de toutes les industries, en un mot, de ne pas être exposés au danger de voir tous ces avantages compromis ou perdus par des émeutes populaires ou par des coups d'autorité royale.

C'est en montrant que de toutes parts on ne veut que le règne des lois, la protection des droits de tous, la conservation et la garantie de toutes les libertés, qu'un gouvernement peut obtenir cette confiance et cet appui qui font sa force, et qui peuvent seuls lui donner les moyens de triompher des attaques des factions.

Pour accélérer le progrès, il ne faut rien précipiter; il faut prendre garde de ne pas se laisser entraîner par des illusions dans de fausses routes, qui mèneraient à un résultat diamétralement opposé à celui que l'on veut atteindre.

La franchise, la loyauté et la confiance dans la nation sont les moyens les plus sûrs de se préserver de ces fautes déplorables qui ont si souvent compromis les gouvernements et bouleversé les États.

La confiance dans l'avenir fait la sécurité du présent.

C'est dans le bonheur de tous que chacun trouve la meilleure garantie de son propre bien.

Il ne faut jamais sortir de l'ordre légal, et c'est toujours dans la loi que l'administration doit trouver la force nécessaire pour réprimer les tentatives des factions. Cette force sera toujours suffisante, surtout si les fonctionnaires ne se laissent pas entraîner à voir, dans un avenir chimérique que la volonté nationale repousse autant que la raison, ces effrayantes illusions qu'on s'efforce sans cesse de leur présenter pour paralyser leur action.

C'est la force morale résultant des institutions qui peut seule donner à une nation les moyens nécessaires pour comprimer les factions qui cherchent à la déchirer.

Le règne des lois, le maintien des institutions, la garantie de ses libertés, et surtout une marche franche, sincère, sans arrière-pensée, voilà ce qu'une nation peut exiger de son gouvernement.

La cour des comptes donne à la nation l'assurance que les deniers publics sont employés consciencieusement aux divers services publics, et que, dans notre régime actuel, il ne peut y avoir ni erreur ni inexactitude, ni encore moins de concussions qui ne fussent promptement signalées. De là résulte nécessairement une confiance qui augmente la force du gouvernement, contribue puissamment à sa stabilité, fait le désespoir des agitateurs, parce qu'elle leur enlève un de leurs principaux moyens d'action, celui de se faire craindre en montrant toujours, dans un avenir plus ou moins éloigné, la perspective de leur triomphe et la terreur de leurs vengeances, car les factions sont promptement réduites à l'impuissance quand une fois on ne croit plus à leur succès.

La tâche du conseil d'État est de s'occuper de ces règlements d'administration publique qui facilitent le développement de l'industrie et les progrès de la liberté générale. Il doit protéger également tous les genres de propriété, et veiller avec une stricte impartialité à ce que le petit propriétaire ne soit pas opprimé par le grand, et à ce que le grand ne soit pas, à son tour, opprimé par le petit, ce qui s'est vu trop souvent. C'est ainsi que l'on parvient à empêcher les empiétements réciproques, et ces tracasseries de tous genres qui troublent fréquemment la paix de nos communes ; et c'est ainsi seulement que l'action de la loi peut être rendue réellement protectrice et égale pour tous.

C'est à la persévérance à maintenir l'ordre et les lois, à se tenir constamment sur la ligne du devoir, de ce devoir qui nous est imposé par le pays et par nos consciences, qu'il faut attribuer la conservation de tous les avantages qui procurent à une nation le repos, la liberté et la sécurité dont elle jouit. Cette constance à défendre les institutions contre toutes les attaques, déconcerte les misérables projets de ces hommes pervers ou égarés qui cherchaient à leur substituer des théories impraticables, et permet d'étendre sur eux les bienfaits de la clémence royale.

L'expérience n'est pas plus perdue pour les nations que pour les individus ; plus elles en acquièrent, plus elles s'éclairent sur leurs véritables intérêts.

Puissant pour protéger, impuissant pour opprimer, le conseil d'État défend les dépositaires de l'autorité contre les attaques de la malveillance, et les maintient en même temps dans les bornes du devoir.

La publicité, lorsqu'elle est praticable sans compromettre l'intérêt général, est le meilleur moyen de calmer la défiance envers l'autorité, et de prévenir des attaques frivoles et vexatoires qui, sous le masque d'une prétendue défense des libertés publiques, n'ont d'autre but et d'autre effet que d'entraver le gouvernement dans sa marche, et de l'empêcher de remplir la haute mission qui lui est attribuée par les lois.

La confiance dans l'avenir et la stabilité des institutions, donnent le courage de dédaigner ces influences factices et ces terreurs imaginaires auxquelles on sacrifie trop souvent l'intérêt public et les devoirs que l'on est appelé à remplir envers la société.

Il faudrait qu'il fût facile d'extirper les mauvaises passions, mais c'est une œuvre que personne ne peut se flatter d'accomplir. Il doit nous suffire de les avoir réduites à l'impuissance, d'avoir éclairé ceux qui possèdent quelque chose sur leurs véritables intérêts, et d'avoir découragé ceux qui, n'ayant rien à perdre, se précipitent dans de coupables entreprises et cherchent à tout entraîner dans une ruine commune. C'est déjà beaucoup que d'être arrivé à rendre vaines leurs clameurs, à paralyser l'hostilité de leur langage, à amener graduellement la classe ouvrière à reconnaître qu'elle est plus que toute autre interessée au respect de la propriété, au maintien de l'ordre et de la tranquillité publique.

Le conseil d'État est chargé de protéger les droits de tous auprès de l'administration et de veiller à ce qu'elle ne soit pas entravée dans sa marche par des attaques frivoles et d'injustes préventions. C'est ainsi que l'on donne au pays la garantie que la loi sera toujours respectée par l'administration, et qu'en même temps, elle conservera la force nécessaire pour se faire respecter par tous et assurer sa paisible exécution.

Il ne s'agit pas seulement de défendre les institutions contre des attaques découvertes, il faut encore les garantir contre ces modifications continuelles qui, sous l'apparence d'améliorations progressives, devaient nécessairement les miner, les détruire, et amener sur leurs ruines le fléau de l'anarchie.

L'amélioration des dispositions de la jeunesse est à la fois un des plus puissants moyens de préserver la pays des dangers auxquels il peut être exposé. Quand les hommes comprennent bien leurs intérêts, on réussit mieux à les diriger; mais la tâche des gouvernements devient difficile, quand il faut à la fois combattre des illusions dangereuses, et détourner les esprits de ces fausses routes qui conduisent souvent à des résultats opposés aux vœux de ceux qui s'y sont engagés, et toujours contraires aux intérêts bien entendus du pays. Il faut donc espérer que la jeunesse sortant de nos écoles apportera désormais dans la société, des dispositions qui ne seront pas moins avantageuses pour ses succès personnels que pour le bien-être et la prospérité de tous.

Le conseil d'État est à portée de juger non-seulement du progrès de la prospérité publique, mais aussi du progrès qui est fait dans ce qui en forme la base la plus sûre et la plus essentielle, l'exacte, l'impartiale, l'équitable exécution des lois.

Le conseil d'État a rendu de grands services à la France en débarrassant l'administration d'une foule de difficultés qui jetaient de la confusion dans la législation civile, et en épurant tout ce que nos anciens codes avaient laissé subsister de barbare et d'inexécutable. Il assiste puissamment le gouvernement dans sa marche ; il veille à ce que l'administration ne soit pas entravée par le choc des intérêts particuliers, et qu'à leur tour, ceux-ci ne soient pas lésés dans leurs rapports avec l'administration.

C'est l'impuissance avouée contre les institutions, qui réduit leurs ennemis à recourir à ces odieuses tentatives que la voix nationale flétrit avec autant d'énergie que le cri de la conscience et de l'honneur.

Les théories dangereuses perdent chaque

jour de leur empire, et le nombre de ceux qu'elles ont séduits diminue sensiblement.

Les émeutes, les troubles civils n'engendrent que la misère et le désappointement de ceux qui espèrent y trouver des moyens d'amélioration. Ce qui peut seul assurer le sort des populations, c'est le règne des lois, c'est la garantie accordée à chacun du libre développement de ses facultés, du libre exercice de son industrie, et enfin de l'augmentation de sa fortune par tous les moyens légaux et honorables.

De nos jours, la France est dans cette voie de bonheur et de tranqnillité où toutes les facultés intellectuelles peuvent prendre leur essor, sans crainte d'être troublées ni par l'émeute, ni par ces dangereuses illusions qui empêchent d'apprécier les biens dont on jouit, et qui font poursuivre des chimères, au lieu de s'attacher aux réalités que la Providence a mises à notre portée.

DE LA PAIX

ET

DE LA GUERRE

INTRODUCTION.

Les grandes choses ne se font que par la paix; la guerre, pouvoir destructeur, mine et détruit les empires. Ouvrez l'histoire et vous y verrez éclater cette terrible leçon : TOUS LES CONQUÉRANTS ONT MAL FINI.

« C'est dans cette paix qui n'est jamais achetée au prix d'un sacrifice de l'honneur national, que réside le bien général d'un pays et l'intérêt de l'humanité tout entière, et non dans de vaines victoires, ou dans de dangereuses conquêtes. C'est en suivant cette politique salutaire, que l'on parvient tout à la fois à garantir et sa prospérité intérieure et le repos du monde [1]. »

La politique qui a pour fin la conservation de la paix, ou en d'autres termes, la politique de la paix, abstraction faite de la question de droit, est en soi la plus haute et la plus vraie; car elle poursuit un but qui est certain, précis. Au contraire, la politique des conquêtes tend vers un but qui s'éloigne à mesure qu'on l'approche. C'est un mirage trompeur. Un peuple conquérant voit s'agrandir sa tâche souvent au-delà de ses ressources. Ses conquêtes sont un abîme qui l'appelle. Pour délivrer la Grèce de son vieil ennemi, Alexandre est obligé d'aller attaquer le roi de Perse, au cœur même de son empire. Napoléon veut détruire l'Angleterre, l'éternelle rivale de la France, et il est forcé de porter la guerre au milieu des glaces de la Russie : gigantesque entreprise dans laquelle il s'épuise et succombe. Il revient, il convoque les alliés qu'il s'est faits dans les

[1] LOUIS-PHILIPPE. — 1er mai 1841.

pays qu'il a conquis par les armes, mais tant qu'il fut heureux, ils furent ses amis, malheureux, ils l'abandonnent[1].

A une nation sage, une chose importe essentiellement, c'est d'imposer l'estime aux autres peuples. C'est là une aussi bonne garantie pour sa sûreté que la crainte de ses armées. Tenir ses forces sur un pied redoutable, pratiquer la grande maxime : « *Si vis habere pacem, para bellum.* » Telle est la grande politique. La gloire pour une nation, ce n'est pas la guerre.

Mais il ne suffit pas à un peuple d'avoir des soldats prêts à marcher à l'ennemi, il faut de plus que le sentiment de la nationalité les anime, il faut que le pays qu'ils vont défendre, pour lequel ils vont verser leur sang le plus jeune et le plus pur, soit présent à leurs affections comme à leurs pensées ; il faut que les institutions politiques qui le régissent, soient dignes de ce grand sacrifice, qu'ils aient devant les yeux la grande image de la patrie pour leur faire mépriser la vie et les élever à l'enthousiasme ; il faut qu'ils sentent battre au milieu d'eux le cœur de leur prince, et qu'ils le sachent capable de jeter, beau d'un noble orgueil, à l'ennemi

[1] « *Donec eris felix multos numerabis amicos,*
Tempora si fuerint nubila solus eris. »

ces fières paroles : « Notre force est trop grande, trop réelle pour que personne puisse en douter. Malheur à ceux qui tomberaient dans une erreur aussi funeste! Malheur à ceux qui auraient la présomption de croire qu'ils peuvent impunément toucher à notre honneur et à notre indépendance[1]! »

La politique inaugurée par le gouvernement de Louis-Philippe fut la politique de la paix, et c'est à sa haute sagesse, en effet, que la France doit cette paix digne et glorieuse dont elle jouit; digne, car elle ne nous a coûté aucun sacrifice incompatible avec l'honneur national; glorieuse, car, lorsqu'il a fallu, pour la conserver, tirer l'épée et remporter des victoires, le roi n'a pas reculé, dussent s'élever bien haut les murmures des puissances jalouses de notre gloire. Il a généreusement offert à la France le sang des fils valeureux qui font son orgueil, à Anvers, à Constantine, à Saint-Jean-d'Ulloa, à Tanger, à Mogador, et il n'est aucune partie du monde qui ne les ait vus, aux premiers rangs, les poitrines découvertes devant l'ennemi, se montrer les dignes rejetons du jeune général qui combattit vaillamment à Valmy et à Jemmapes pour l'indépendance de la patrie.

[1] LOUIS-PHILIPPE. — 17 juin 1831.

Il est des époques où la guerre est nécessaire pour l'avancement matériel et moral de l'humanité; c'est alors une tempête semblable à celles qui viennent troubler la mer pour la purifier. Les peuples, ne pouvant pas pénétrer les secrets de leur destinée, consultent alors le Dieu des batailles; ils l'appellent à décider la question controversée qui les divise, et la victoire fixe le droit. Mais en 1830, la guerre eût été une imprudence et une folie, un attentat contre la civilisation. Aussi la politique du roi peut-elle se résumer ainsi :

Vivre en relations amicales avec toutes les puissances étrangères, mais ne dépendre d'aucune; proclamer la liberté intérieure de chaque nation, et ne point épouser ses querelles; la laisser entièrement maîtresse de ses destinées; tenir envers toutes nos engagements; faire ouvrir leurs ports à notre commerce; leur ouvrir les nôtres dans la même mesure. Nous habituer à ne compter que sur nous-mêmes et à tenir de nos propres mains les balances de la fortune. Placés au centre de la civilisation, au milieu d'empires que nos idées ont ébranlés, attendre du temps la réalisation des progrès que le temps seul peut amener et consacrer. La propagande des idées par le développement intellectuel, est la seule qui convienne à une grande nation. Rien donc, sinon la nécessité de faire respecter notre indépendance, le soin de garder intact notre honneur, ne doit nous pousser à la guerre.

Les principes de droit international mis alors en lumière par la diplomatie française, agissant sous l'inspiration de Louis-Philippe, pourraient se poser ainsi :

Aucun peuple n'a le droit d'empêcher un autre peuple de détruire sa constitution politique pour s'en donner une nouvelle, au moyen d'une révolution.

Si seulement la minorité d'une nation entreprend une révolution, un peuple allié a le droit d'intervenir pour aider la majorité de la nation à maintenir l'ancienne constitution.

Hors de ces cas, aucun peuple n'a le droit d'intervenir pour empêcher un peuple en révolution de changer sa constitution et de lui en substituer une autre, serait-il même convaincu de l'erreur de ce peuple.

Aucun peuple n'a le droit de forcer un autre peuple à intervenir dans une révolution si ce dernier n'y est pas obligé par un traité d'alliance.

Un peuple peut intervenir contre un autre peuple en révolution, si son propre salut et la défense de sa propre constitution l'y obligent, et qu'il y ait à cet égard un traité réciproque d'alliance.

Cette politique reçut la sanction de l'approbation générale. Le désir de la paix dominait les esprits. La France armée veillait d'ailleurs dans l'attitude de sa force et la jalousie de sa liberté. Eclairée par ses fautes passées, elle comprit qu'elle ne devait pas attenter à l'indépendance des peuples et leur imposer des constitutions pour lesquelles ils n'étaient pas encore faits. Quand elle les voyait aux prises avec les douleurs de l'enfantement d'un progrès, elle leur criait de sa grande voix qui à elle seule a le privilége de remuer le monde : Comme hommes, nous sommes vos frères, aussi nous applaudissons à vos efforts ; nous vous assistons de nos sympathies hautement déclarées, de nos vœux. Mais nous respectons votre indépendance ; aller chez vous pour vous donner des constitutions selon nos idées, ce serait reconnaître aux autres nations le droit de venir chez nous pour nous donner des institutions selon leurs idées.

Ces clartés d'éternel bon sens triomphèrent. Le parti démocratique qui s'était formé en France et qui bouillonnait d'une ardeur propagandiste, vit avec dépit la paix se maintenir. Louis-Philippe imposa par son génie à l'Europe. Elle le vit en effet porter si fermement et avec tant de grandeur morale le fardeau du pouvoir, s'attacher à son œuvre avec un dévouement si sincère et une supériorité si incontestable; elle le vit déployer, au milieu de tant de périls, et pour les surmonter, tant de sagesse et de vertu, montrer dans le gouvernement de l'État tant d'ordre, de raison, de dignité, qu'elle passa promptement d'un sentiment de méfiance à l'admiration et s'habitua à considérer les évènements qui l'avaient porté au trône comme un de ces décrets de la Providence réglant les destinées du monde. Exemple incomparable de ce que peuvent sur les hommes la sagesse et la vertu! Louis-Philippe fit deux grandes choses : il assura par la paix l'indépendance, peut-être même l'intégrité de son pays; il fonda, au sortir d'une révolution, un gouvernement solide et vrai, qui, du premier coup, dépassa en perfection celui de l'Angleterre elle-même, pourtant plus vieux d'un siècle!

PENSÉES ET OPINIONS.

La paix est le premier devoir des gouvernements et le premier besoin des peuples.

La paix est la source féconde de la prospérité publique et la base solide du bonheur des nations.

C'est un des devoirs d'un souverain d'assurer à son pays un état de paix aussi honorable qu'utile à ses véritables intérêts, et de le préserver ainsi des dangereuses illusions de la guerre, qui trop souvent égarent les nations et les plongent dans le malheur.

La France ne veut ni conquête ni agrandissement ; elle ne veut que le maintien de l'indépendance de tous les peuples et de tous les États.

Il faut s'abstenir de cet esprit de conquête qui n'est plus de notre temps et qui n'est propre qu'à attirer sur ceux qui s'y laissent entraîner, tous les maux qui peuvent affliger l'humanité.

Séparés, les dards peuvent être aisément rompus, tandis que réunis en faisceaux, ils se prêtent un appui mutuel, et présentent, par leur union, la force nécessaire pour résister aux efforts de ceux qui tenteraient de les briser.

C'est dans cette paix qui n'est jamais achetée au prix d'un sacrifice de l'honneur national, que résident le bien général d'un pays et l'intérêt de l'humanité tout entière, et non dans de vaines victoires ou dans de dangereuses conquêtes. C'est en suivant cette politique salutaire que l'on parvient tout à la fois à garantir, et sa prospérité intérieure et le repos du monde.

Si quelque coalition ou quelque attaque étrangère menace l'indépendance et l'honneur de son peuple, le souverain doit être le premier à crier : Aux armes !

La force de la France est trop grande, trop réelle pour que personne puisse en douter. Malheur à ceux qui tomberaient dans une erreur aussi funeste! Malheur à ceux qui auraient la présomption de croire qu'ils peuvent impunément toucher à notre honneur et attenter à notre indépendance!

La paix pour une nation est le but le plus désirable, et c'est la confiance dans sa durée qui peut seule en développer les inappréciables bienfaits.

Réprimer les agitations intérieures, assurer le maintien de l'ordre public et consolider la paix extérieure, voilà le devoir d'un gouvernement national.

Tous les Français sont soldats lorsqu'il

s'agit de défendre l'indépendance de la patrie contre les attaques des puissances étrangères.

Tous les souverains doivent s'unir pour conserver la paix et pour assurer au monde une longue continuation de cet état de repos et de tranquillité si nécessaire au bon ordre intérieur de tous les États et à l'accroissement de leur prospérité.

La tranquillité publique se maintient à l'ombre des lois; la prospérité nationale se maintient à l'ombre de la paix.

La fidélité à ses engagements, la modération dans l'application de la force, telles doivent être les maximes d'un gouvernement tant au dedans qu'au dehors. Au dehors, pour soutenir les intérêts nationaux et assurer la conservation de la paix par l'exécution consciencieuse des traités qui le lient; au dedans, pour faire respecter les lois sans jamais s'en écarter, sans que rien vienne interrompre leur marche ou paralyser leur action.

C'est en faisant concourir la volonté réunie de tous les gouvernements au maintien de la paix, que l'on voit chaque jour s'augmenter la confiance dans l'avenir; cette heureuse confiance qui, une fois bien établie, décourage les coupables espérances de ceux qui voudraient encore troubler le repos du monde, et assure aux nations cette sécurité qui est le meilleur gage de leur bonheur et de leur prospérité.

Après la brillante moisson de gloire que la

nation française a faite dans tous les siécles, il lui appartenait peut-être plus qu'à toute autre de reconnaître que les vertus pacifiques ne sont pas moins éclatantes que les vertus guerrières.

Le bien d'un pays ne consiste pas dans des conquêtes ou dans des gloires trop chèrement achetées au prix de notre sang et de nos trésors. La guerre ne doit être entreprise que quand l'intérêt public en impose le rigoureux devoir.

Chaque année qui s'écoule au sein de la paix dont jouit le monde, en fait de plus en plus apprécier les bienfaits, et ajoute de nouveaux avantages aux heureuses conséquences de la bonne harmonie qui subsiste entre les souverains.

Plus la paix générale se prolonge, plus on voit s'éloigner la chance des dangers qui pourraient la compromettre; et la force morale des hommes bien intentionnés croissant avec la confiance qu'inspire l'avenir, augmente nos moyens d'assurer le repos des nations.

C'est par l'intime union de tous les pouvoirs, que peut s'accomplir le grand œuvre qui leur est confié, celui de maintenir à la fois la paix intérieure, l'ordre public, le règne des lois, et de décourager toutes les tentatives qui auraient pour but de renverser nos institutions et d'introduire l'anarchie en France.

Plus les années de paix se multiplient, plus les bienfaits du repos et de la sécurité se développent, et plus aussi les nations apprécient les avantages de la sage politique qui leur en a donné la jouissance.

Le calme, la tranquillité est le gage le plus certain de la prospérité d'une nation, et le plus noble signe de sa grandeur.

La France a donné à l'histoire assez de monuments de sa gloire pour être en droit d'ajouter à ses trophées celui non moins glorieux d'être la garantie de la paix du monde et du repos de l'humanité.

La paix est le premier besoin de la civilisation.

Un souverain ne doit vivre que pour son

pays, et se croire assez récompensé s'il a pu le préserver de quelques dangers, et contribuer à augmenter et à assurer sa prospérité.

L'affermissement du repos d'une nation, calme de plus en plus les passions dont l'effervescence aurait pu la troubler, et la confiance si heureusement croissante dans la durée de la paix du monde et dans l'accord de tous les gouvernements pour en assurer le maintien, facilite le succès de tous les efforts, et ajoute d'année en année de nouveaux progrès à la prospérité des peuples.

Il faut que la vérité arrive aux rois, mais il faut aussi qu'elle arrive aux nations. Aujourd'hui, les nations ont leurs flatteurs comme jadis les rois. Et les flatteurs savent aussi bien altérer la vérité par la flatterie, que l'obscurcir par l'insulte et la calomnie. C'est au temps et à la raison publique à en faire justice, et ce n'est qu'en repoussant l'optique de la passion et de la partialité, que l'esprit du peuple parvient à juger sainement les choses et à démêler ses véritables intérêts. C'est ainsi que l'on peut apprécier les avantages réels dont on jouit, et qu'on ne s'expose pas à les compromettre et à les perdre, pour courir après ces chimères qui ont appelé tant de malheurs sur la France.

FIN.

TABLE DES MATIÈRES

FIN DE LA TABLE.

OUVRAGES DE M. EUGÈNE PAIGNON,

Avocat, Membre de la Société des Gens de Lettres.

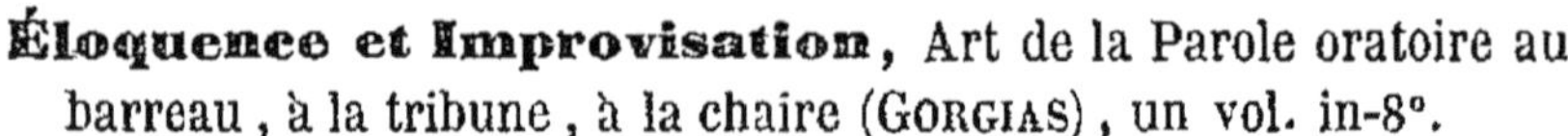

Éloquence et Improvisation, Art de la Parole oratoire au barreau, à la tribune, à la chaire (GORGIAS), un vol. in-8°.

Lettre à M. le comte de Salvandy, Ministre de l'Instruction publique, sur la nécessité d'introduire dans les études classiques des exercices d'improvisation, brochure in-4°.

Commentaire sur les Ventes judiciaires de Biens immeubles d'après la loi du 2 juin 1841, 2 vol. in-8°.

De la Sainteté des Gouvernements et de la Moralité des Révolutions, un vol. in-8°.

Code des Rois, Pensées et Opinions d'un Prince Souverain sur les Affaires de l'État, un vol. in-12.

En préparation :

Communisme et Philosophie, ou Réfutation des Doctrines de la Secte qui veut décréter l'Abolition de la Propriété.

« On n'étudie plus, on n'observe plus, l'on rêve, et l'on nous donne gravement pour de la philosophie, les rêves de quelques mauvaises nuits. »

J.-J. ROUSSEAU.

Diction et Déclamation, Art de l'Action oratoire au barreau, à la tribune, à la chaire.

« On demandait à Démosthène quelle était la première qualité de l'orateur ? Il répondit : L'action. Et la seconde ? L'action. Et la troisième ? L'action. » F. LAMENNAIS.

Angoulême, Imp. de LEFRAISE et Ce.

www.ingramcontent.com/pod-product-compliance
Ingram Content Group UK Ltd.
Pitfield, Milton Keynes, MK11 3LW, UK
UKHW012203240726
13966UKWH00002B/555